귀농의 대전환

귀농의 대전환
ⓒ 정기석 2017

초판 1쇄 발행일 2017년 7월 4일

지은이 정기석

출판책임 박성규
편　　집 유예림 · 남은재
디 자 인 조미경 · 김원중
마 케 팅 나다연 · 이광호
경영지원 김은주 · 박소희
제　　작 송세언
관　　리 구법모 · 엄철용

펴 낸 곳 도서출판 들녘
펴 낸 이 이정원
등록일자 1987년 12월 12일
등록번호 10-156
주　　소 경기도 파주시 회동길 198
전　　화 마케팅 031-955-7374　편집 031-955-7381
팩시밀리 031-955-7393
홈페이지 www.ddd21.co.kr

ISBN 979-11-5925-263-1 (14520)
　　　 978-89-7527-160-1 (세트)

값은 뒤표지에 있습니다. 잘못된 책은 구입하신 곳에서 바꿔드립니다.

이 도서의 국립중앙도서관 출판예정도서목록(CIP)은 서지정보유통지원시스템 홈페이지(http://seoji.nl.go.kr)와 국가자료공동목록시스템(http://www.nl.go.kr/kolisnet)에서 이용하실 수 있습니다.(CIP제어번호: CIP2017014960)

귀농의 대전환

농사를 넘어 마을살이로
정기석 지음

들녘

들어가는 글

귀농의 대전환

어느덧 귀농한 지 15년이 넘었다. 2002년 봄, 나는 자발적 하방을 결행했다. 서울의 도시난민에서 시골의 마을시민으로 살겠다는 소망을 품은 채. 뒤돌아보면 지난 귀농 15년의 여로에서 겪은 아쉬운 우여곡절과 안타까운 시행착오가 총천연색 파노라마처럼 펼쳐진다. 흐릿하고 아득한 만화경 같은 험로였다. 겨우 복원한 기억과 기록이 10여 권의 책으로 남았을 뿐이다.

나는 남녘의 고도이자 예향인 진주에서 1963년 가을에 태어났다. 700만 베이비부머의 말석을 차지한 셈이다. 일곱 식구의 생계를 책임지려는 아버지의 구직 여정을 따라 유년에 수도 서울의 변두리로 상경했다. 고향의 기억이 있을 리 만무하지만, 그곳이 단지 고향이라는 사실만으로도 늘 그리웠다. 서울에서 성장하고, 서울에서 공부하고, 서울에서 직장을 다니고, 서울에서 가정을 꾸렸다. 말단 은행원, 군소 언론사 기자, 소호벤처 경영자 따위로 고단하지만 불가항력적인 밥벌이에 복무했다. 하지만 '먹고살려고 꾸역

꾸역 모여든 지방 난민들'이 서로 다투고 빼앗아야 겨우 살아갈 수 있는 난민촌 서울특별시는 고향이나 정처가 될 수 없었다. 아무리 성실하고 정직하고 창조적으로 노동하며 생활해도 일은 삶과 하나가 되지 않았다. 쉼과 놀이를 즐길 여유는 분수 넘치는 사치였다. 일과 삶과 놀이가 하나 될 수 없는 도시생활의 구조악에 홀로 맞서느라 마음과 몸은 늘 지치고 힘겨웠다. 한낱 개인으로서는 역부족이었으므로 자꾸 지고 있다는 기분이 들었다. 무력감과 모멸감이 들 때도 적지 않았다. 술을 많이 마셨다.

도시난민에서 마을주의자로 3단계 진화를

마흔 즈음에 제정신이 들었다. 도시에서는 더 할 일도, 하고 싶은 일도 없다는 냉정한 자가진단을 내렸다. 그리고 "마음이 시키는 대로 하라"고 스스로에게 단호히 명령했다. 마음이 시키는 대로, 마을로 자발적 유배를 떠났다. 도시난민에서 귀농인 또는 마을시민으로 전향을 시도한 것이다. 농업회사 농장관리자, 유령작가, 생태마을 막일꾼, 농촌·귀농 컨설턴트, 마을연구원, 마을선생 행세를 하며 제멋대로 전국을 돌아다녔다. '하고 싶은 일을 하면서 능히 먹고살 수 있는 일터', '일과 삶과 놀이가 하나 되는 사람 사는 마을'을 찾아 이사만 열 번 넘게 했을 정도다. 농사를 짓든 짓지 않든, 귀농해서 먹고사는 일은 만만치 않다는 사실을 깨달은 시험과 수행의 여정이었다.

다행히 그 과정을 거치며 제 앞가림도 못하는 귀농인에서 내 형편이나 주제 정도는 생각하는 마을시민으로 진화했다. 나아가 남의 입장과 처지까지 걱정하는 마을주의자로 진보했다. 이른바 '귀농인의 3단계 진화 과정'을 체험한 느낌이다. 우선 1단계의 '귀농인'은 왜 귀농했는지, 그리고 뭘 해서 먹고살지 여전히 고민하고 갈등하는 상태다. 1단계를 용감하게 넘어서면 '마을시민'이란 2단계로 접어든다. 왜 귀농했는지 이제는 자각하고 자족할 수 있다. 농사를 짓든 짓지 않든 무슨 일이라도 해서 농촌의 주민으로 먹고 살 자신감과 가족을 챙길 책무가 생긴다. 2단계를 지혜롭게 극복하면 3단계 '마을주의자'의 길로 들어선다. 왜 도시를 등지고 귀농했는지, 남에게 자신의 생각과 경험을 설명, 공감, 교육할 수 있다. 무엇보다 나와 내 가족만 챙기지 않고 남과 더불어 협동하고 연대할 수 있는 이타적 몸과 공익적 마음가짐을 갖춘다. 나아가 사회경제적인 마을공동체 사업의 계획도 준비된 경지다.

마을기업과 대안마을로 마을살이의 세 가지 해법을

"농사짓는 농부만 사는 곳은 농촌이나 마을이 아니고 농장의 꼴이 아닌가. 모름지기 농촌이 마을이려면 농부의 육신이 다치거나 아프면 고쳐줄 마을의사도 있어야 하고, 농부의 마음이 힘들면 치유해줄 마을성직자도 있어야 한다. 농부가 아이를 낳으면 공부와 기술을 가르치는 마을선생도 있어야 한다"는 게 내가 마을이라는 세상을 바라보는 세계관이다. "먹고살아야 하니 경제, 문화, 교육, 생태 분야 등 다종다양한 업종과 직종의 마을월급쟁이와 마을자영업자 들도 공생해야 비로소 마을이다. 그래야 마침내 농촌은 마을공동체라 할 수 있고, 결국 삶과 일과 놀이가 하나 되는 대동사회가 될 것 아니겠는가."

낙동강변의 매실농장에서 마을시민 또는 마을주의자 수련을 하던 어느 날, 그런 깨달음에 이르렀다. '마을기업'이라는 말이 저절로 떠올랐다. 그때 그곳에는 농부는 물론 기획, 마케팅, 회계, 식품가공 등 다양한 특기와 경험을 가진 마을시민들이 함께 모여 살았다. 마을공동체 사업을 역량 있게 꾸려가는 사업의 책임주체로서 마을기업의 실험장인 셈이었다. 마을시민들이 모여 마을기업을 중심으로 마을공동체 사업을 하면 '일과 삶이 하나 되는 대안마을'이 가능하다는 판단이 들었다. 외부인의 구경거리나 체험거리로 전락한 농촌관광지나 생태공원을 양산하는 '마을 만들기'의 질곡에서 벗어날 수 있다는 생각, 원주민이 생활하는 삶의 터전이자 대대손손 후손에게 고이 물려줘야 할 마을사람 모두의 공유자산을 지키는 '마을 살리기' 또는 '마을살이'가 가능하다는 확신이 들었다. 물론 그런 마을살이는 마을시민과 마을주의자가 중심에 서야 한다는 사회적 책임감도 자각했다.

이른바 '마을살이 3단계' 또는 '세 가지 해법'이라는 마을공동체 사업에 임하는 원칙과 방법론도 정립했다. 귀농인들이 농사짓는 낫과 호미가 아니라, 도시에서 저마다 익힌 경험과 기술 등 생활의 농기구를 써서 농촌에서 먹고살 수 있는 '마을시민'으로 서는 게 1단계다. 2단계는 마을시민들이 마을공동체의 예측가능한 경영과 지속가능한 발전을 책임지는 사업주체로서 '마을기업'을 함께 세우고 꾸리는 것이다. 3단계는 외부인의 구경거리로서 '마을 만들기'가 아니라, 원주민·귀농인 등 내부인의 생활의 질을 높이려는 '마을살이'를 하는 '대안마을'의 경지에 닿는 것이다.

농부의 나라, 무위의 마을에서 세 번째 인생을

마을살이를 공부하고 훈련하고 연구하는 귀농 여정에서, 마을이란 도대체 무엇인지 의문이 들 때가 적지 않았다. 마을에서 더불어 살아가기가, 마을공동체를 함께하기가 너무 어렵고 힘들었기 때문이다. 과연 마을에 대해 제대로 알고나 있는 건지 자꾸 자문하고 스스로를 의심했다. '마을은 이런 것이다'라는 자신 있는 대답을 누구한테도, 어디에서도 시원하게 듣기 어려웠다. 그래서 마을에서 잘 살기 위해서 마을을 더 잘 알아야 하고, 마을을 더 잘 알려면 국가와 사회부터 다시 제대로 공부해야 한다는 자책과 각오를 하게 되었다.

현재 순천 모후산 자락의 산골마을에서 비인가 '마을연구소(Commune Lab)'의 소장이자 급사, 무허가 '마을살이학교'의 교장이자 소사 노릇을 자처하고 있다. 이변이 없는 한, 여생에도 계속 마을, 국가, 사회 등을 걱정하고 연구하면서 마을에서 마을시민이나 마을주의자로 살아갈 것이다. 특히 '농부의 나라' 독일처럼 농민과 국민이 동등하게 협동하고 연대하면서 지속가능하게 진화하는 마을공동체와 농촌사회의 해법과 대안에 대해 탐구하고 개발하려 기를 쓰고 있다. 한마디로 '마을에서 사람답게 먹고사는 법'을 주로 농촌사회학적으로 연구하고 있다. 누가 시킨 일도 아니고, 돈도 되지 않고 폼도 나지 않는 일이다. 다만 최소한 스스로 부끄럽거나 남을 괴롭히거나 세상에 죄를 짓지는 않는 일이라고 믿는다. 그게 아니라도 이제 어쩔 수 없는 노릇이다. 내가 결정한 일이고 책임져야 하는 일이다.

앞으로 내가 살아가는 마을에서는 마을주민들, 그리고 마을을 찾는 지역주민과 함께 협동조합을 꾸리고 싶다. 이렇게 마을주민들이 협동해서 마을공동체 사업으로 모은 공동소득으로 번듯한 마을양로원을 세우고 싶다. 또 마을의 농가마다 단 몇 십만 원씩이라도 매달 기본소득을 나눠 가질 수 있기를 소망한다. 그렇게 마을주민들이 더불어 행복하게 생활할 수 있는 생활공동체마을이 되었으면 한다. 그리고 언젠가는, 더 이상 아무 짓도 안 하고 싶다. '무위(無爲)의 마을'로 마지막 이사를 감행해, 세 번째 인생을 살고 싶다. 머리 말고 가슴과 손발로만 먹고살고 싶다. 그냥, 산과 물은 맑고, 하늘과 들은 밝고, 바람과 사람은 드문, 작고 낮고 느린 어느 마을의 마을사람이고 싶다. 그 아무것도 아닌 마을에서, 아무것도 아닌 마을사람으로 살아가다 깨끗하게 죽고 싶다. 마치 나무나 풀, 돌이나 흙, 비와 바람 같은 자연과 우주가 당연히 그런 것처럼.

들어가는 글 · 5

1부
마을로 내려가는 길

하나. 마을로 내려갈 준비

도시의 삶 정리하기 · 15
내려갈 지역 정하기 · 21
들어갈 마을 찾기 · 28
살아갈 땅 고르기 · 38
살 집 마련하기 · 46
먹고살 일 구하기 · 53

둘. 마을에 들어갈 계획

자아를 구현할 인생구상 · 62
가계를 경영할 생업계획 · 67
여가를 소일할 생활설계 · 74
심신을 휴양할 주거디자인 · 79
마을을 먹여 살릴 사업계획 · 86
지역을 재생할 공동체 전망 · 95

2부
마을에서 살아가는 법

셋. 마을에서 먹고사는 생활기술

마을기업을 꾸리는 사업기술 · 105
마을시민으로 농사짓는 농업기술 · 113
내 손으로 집을 짓는 건축기술 · 118
글 짓고 책 만드는 생활기술 · 124
생활의 질을 높이는 문화기술 · 130
지역사회를 바꾸는 운동기술 · 136

넷. 마을을 먹여 살리는 정책 제안

생활기술을 배우는 학교 · 143
유휴자산을 공유하는 은행 · 150
지역사회가 함께 먹고사는 조합 · 155
마을경제를 지원하는 플랫폼 · 163
농민의 삶을 지키는 기본소득 · 171
농부의 나라로 이끄는 농민당 · 179

나가는 글 · 185

1부

마을로
내려가는 길

하나.
마을로 내려갈 준비

'내려갈 지역 정하기'의 결론은 이렇다. 내가 겪어본 바로는 귀농하기에 최적인 지역은 단연 고향이다. 지금도 전국을 헤매고 있을 귀농인들은 결국 고향에서 자신의 마을을 발견할 가능성이 크다. 그런데 도시가 고향인 도시 토박이들은, 아예 고향이 사라진 실향민들은, 또 고향에 가봐야 도저히 살아갈 방법이 없는 불행한 난민들은 어찌해야 하는가? 고향이 없다면, 고향에 갈 수 없다면 '제2의 고향'을 새로 만드는 수밖에. 제2의 고향에서 '제2의 인생'을 다시 설계하면 된다. 서로 돌보고 보살피고 걱정하고 나눌 수 있는 믿을 만한 사람이 살고 있는 마을이 곧 제2의 고향일 수 있다. 품은 뜻을 함께 모아 농사든 뭐든 '사람답게 먹고살 만한 일'을 더불어 도모할 수 있는 동지가 있는 마을이 제2의 고향이다. 그곳이 최적의 귀농지이자 나의 마을이다.

도시의 삶 정리하기

마을로 내려가야 마을에서 살 수 있다

1963년 가을, 남녘 진주에서 태어나보니 제3공화국이었다. 재수 좋은 팔자는커녕 흙수저 하나 달랑 물고 태어났을 뿐이다. 막내인 나를 낳으시고 일곱 식구의 가장이 되신 아버지는 희망도 대책도 없는 실업자 신세였다. 5·16 쿠데타가 일어나 다니던 진주시청에서 쫓겨났던 것이다. 외아들이라 군대를 안 다녀왔다는 게 해고사유라고 들었다. 그래서 우리 가족은 졸지에 지방 소도시의 산동네 빈민으로 전락했다. 당시 그런 형편이 우리 가족만의 문제는 아니었다. 그 시절 우리 국민들은, 특히 지방의 사람들은 먹고살 게 없었다. 일자리도, 하다못해 일거리도 없었다. 굶어 죽지 않으려고, 먹고살려고 너나없이 서울로 몰려들었다. 재산도, 가장의 일자리도, 미래의 희망도, 그리고 재수까지 없었던 우리 가족도 마찬가지였다. 아버지는 가족을 굶기지 않으려고 사력을 다해 구직의 노력을 경주하여, 기적적으로 출판사에 일자리를 구해 서울로 상경하는 난민의 행렬에 합류했다. 가족들은 굶어 죽지 않을 수 있었다. 그렇게 전국에서 꾸역꾸역 모여든 지방 출신의 난민들로 서울은 거대한 난민촌이 되었다.

나는 제3공화국의 '국립 서울특별난민촌'에서 일개 난민으로 성장했다. 때로는 외부의 공권력에 의해 양육되기도 했다. 병영이나 감옥 같았던 각급 학교를 그냥 의무적으로, 무조건 다녔다. 달리 선택의 여지가 없는 획일화된 성장사였다. 당시 대안학교라는 곳은 없었다. 제도권의 학교나마 열심히 등교했던 것은 졸업장 때문이었다. 졸업장 없이는 자식들이 사람 대접도 받을 수 없는 사회가 부모는 두려웠을 것이다. 무사히 학교를 탈출해 진출한 사회에서는 말단 은행원, 비민주노조 간부, 군소 언론의 기자, 소호벤처 경영자 노릇을 감당했다. 직종과 처우를 불문하고 밥벌이는 늘 어렵고 두려웠다. 무엇보다도 가장으로서 책임져야 할 처자식의 무게가 버거웠다. 과로나 스트레스보다 '자본주의의 노예나 소모품' 역할로 인한 수치심과 모멸감이 더 힘들었다. 도시의 뿌리 깊은 부조리나 거대한 구조악에 홀로 맞서려다 낭만적인 이방인이나 철없는 혁명가란 낙인이 찍히기도 했다. 도시난민 생활은 내가 감당하기엔 역부족이었다. 점점 국가의 정체와 도시의 진실을 의심하기 시작했다.

도시지역에 91.79%의 국민이, 농가 인구는 4.9%

일단 도시에는 사람이 너무 많다. 현대 자본주의의 구조악이 농축된 공간이라 그럴 것이다. 우리 국민 10명 중 8명은 도시지역에 산다. 국토의 면적 기준으로 따지면 더 실감나게 대비할 수 있다. 국토부의 도시계획현황 통계자료에 따르면, 전 국토의 16.6%에 불과한 도시지역(주거, 상업, 공업, 녹지 등)에

91.79%의 국민이 모여 살고 있다. 그것도 도시민이 집중적으로 몰려 거주하는 주거지역은 도시 전체의 2.4%에 불과하다. 그런데 거꾸로 농촌에는 사람이 너무 없다. 2016년 말 농가인구는 총인구의 4.9%일 뿐이다. 모두 다 먹고살려고 도시로 떠난 결과이다. 우리 국민 10명 가운데 채 2명도 농촌에 살지 않으며, 농가 인구는 100명 가운데 5명이 되지 않는다. 또한 농부 10명 중 4명은 65세가 넘은 고령이다. 농가는 평균 연간 1천만 원밖에 안 되는 도저히 먹고살 수도 없는 소득을 올리고 있다.

   과밀한 도시에서는 인간적인 공동체 생활이 어렵다. 도시의 동네에서는 생활과 생업이 철저히 분리되고 격절되어 있다. 국가와 자본의 설계도에 따른 것이다. '먹고살려면' 생활보다 생업이 우선이고, 집보다 직장이 우선이 될 수밖에 없다. '먹고사는 일', '처자식을 먹여 살리는 가장의 책무' 때문에 삶과 쉼과 놀이는 뒷전이다. 날로 육체는 지치고 정신은 메마른다. 무심코 뒤돌아보면 이미 인생의 황혼기에 들어서 있다. 가진 건 부채가 남아 있는 아파트 한 채뿐이다. 그래서 프랑스의 사회학자 에밀 뒤르켐은 도시의 '동네(quartier)'를 '기계적 연대와 배제의 공간'으로 규정했다. 어서 벗어나고 싶어 하는 비정한 생활공간이라고 탄식했다. 도시의 동네에 사는 주민들은 서로 보살피고 챙기는 사이좋은 이웃으로 지내기 쉽지 않다. 서로가 서로를 믿지 못한다. 설사 마음은 있더라도 몸이 말을 잘 듣지 않는다. 나도 모르는 사이에 개인주의자나 이기주의자로 살고 있다.

도시의 마을공동체는 일시적인 진통제나 신경안정제

물론 도시의 행정, 전문가, 주민들도 '위험사회' 도시의 문제와 위기상황을 모르지 않는다. 민관 거버넌스, 주민자치 등의 주제로 정책을 양산하며 도시민끼리 서로 협동하고 연대하는 마을과 공동체를 건설하려 애쓰고 있다. 나는 추호도 그러한 정책과 제도의 선의를 의심하지 않는다. 다만 그런 관 주도 또는 관변 활동가 중심의 마을 만들기 사업이나 생활공동체 운동이 얼마나 효과적일 수 있을지 무조건 지지하고 응원하기 어렵다. 솔직히 자신이 없다. 차라리 도시의 마을공동체를 표방하는 운동 또는 사업은 어쩌면 진통제나 신경안정제 수준의 기대효과에 그치는 건 아닐지 걱정하고 있다. 기대가 큰 도시민들이 자칫 그 결말에 이르러서는 크게 실망하지 않을까 우려된다. 도시에서 벌어지는 마을공동체 사업이란, 그 속성상 단지 도시생활의 고질적인 민생고를 일시적으로 위로하고 치유하는, 또는 망각하는 수준의 약효뿐이지 않겠는가.

따라서 도시의 구조악을 근본적으로 치유하고 싶다면, 진심으로 그러기를 원한다면, 진단과 처방을 바꾸어야 하지 않을까 한다. 일시적인 약물 처방이 아니라 혁신적인 외과 수술이 필요한 건 아닌지 깊게 고민하고 재고해야 한다는 것이다. 행정이든, 전문가든, 활동가든, "사실 도시의 마을공동체 정책이란 진통제나 신경안정제로서 가짜약의 효과밖에는 없다"는 사실부터 용기 있게 고백할 필요는 없을까. "마을이 세계를 구한다"고 단언했던 마하트마 간디의 도시관도 크게 다르지 않다. 이 위대한 성인도 도시를 부정적으로 보았다. 그는 마을의 물질과 영혼을 다 빼앗은 게 도시라며, 도시 때문에 피해를 입은 마을에 적절한 보상을 해야 한다고 온 세상에 고발했다. 간디가 가리켰던 도시와 비견한다면, 천만 난민이 모여 사는 서울의 사정은 더

그림1. 생업이 하나 되는 <마을연구소>

말할 것도 없다. 대한민국의 돈과 자원, 기회와 희망을 서울을 위시한 몇 개의 도시가 독과점하고 있지 않은가. 그것들 모두는 원래 다 농촌의 마을에 있던 것 아닌가. 마땅히 주인인 농촌에, 그곳 주민들에게 돌려줘야 하는 장물이 아니던가.

마을로 가서 마을사람이, 마을이 되자

도시에서 살아가는 민생고의 문제를 해결하려면, 마을공동체를 하고 싶은 도시민이라면, 도시를 떠나야 한다. 마을로, 지역으로 내려가는 게 상책이다. 나에게 그럴 만한 권력은 없으니 일단 상상력부터 발휘한다면, 가령 '서울특별난민 500만 자발적 하방 추진위원회' 같은 기구를 설치하면 어떤가. 너무 좁은 도시에, 너무 많이 몰려들어 서로를 빼앗고 해치며 사는 도시난민들을 구원해야 한다. 원하는 제 고향으로, 정처로 돌려보내야 한다. 그러면 우선 사람이 너무 많이 살아서 생기는 도시의 문제는 해결할 수 있다. 그렇게 도시에서 내려간 도시민들이 농촌의 빈 곳을 채운 뒤, 농촌의 주민이나 마을시민으로 전향하면 된다. 그러면 사람이 너무 적게 살아서 생기는 농촌의 문제도 동시에 해결할 수 있다.

단순하게 박애주의에 입각해서 농민의 삶을 걱정하고 농촌을 온정적으로 돕자는 얘기가 아니다. 농촌을 위하는 게 곧 도시를 위하고, 결국 국가 전체를 위하는 일이다. 농민과 국민이 동등하게 대접받는 '농부의 나라' 독일의 농촌을 보면 알 수 있다. 이미 수십 년 전부터, 농민이 도시로 몰려들어 도시 문제의 원인이 되는 걸 방지하는 정책이 농업정책의 핵심기조이자 목표였다. 그 결과, 독일은 전체 인구의 2%도 안 되는 인구가 농민이지만 국민의 60%가 농촌지역에 살고 있다. 인구는 8000만에 달하지만, 인구 100만이 넘는 도시는 330만 명의 베를린을 비롯해 함부르크, 뮌헨, 쾰른 등 4곳에 불과하다.

세계적인 '마을주의자' 마하트마 간디는 몇 안 되는 도시가 아니라 70만 마을에서 인도가 발견되어야 한다는 신념이 강했다. 대한민국의 진가(眞價) 역시 3만6천여 개에 달하는 마을들에서 찾을 수 있지 않을까. 도시가 아닌 마을에 살아야 작고 낮고 느리게 살 수 있다. 그렇게 살아야 사람 구실을 하고, 사람 꼴을 하며 살 수 있지 않겠는가.

내려갈 지역 정하기

'나의 마을'은 고향에서 기다리고 있다

마흔 즈음의 햇살 따스한 어느 봄날이었다. "이제부터 네 멋대로 흘러가라"는 마음의 명령이 크게 들렸다. 두려웠으나 이미 각오하고 있던, 거부하고 싶지 않은 명령이었다. 나는 마음이 시키는 대로 살기로 결심했다. 서울특별난민촌에서 지낸 35년 남짓한 도시난민 생활을 청산하기로 작정한 것이다. 하지만 곧 당혹스럽고 곤란한 처지에 봉착했다. 서울 밖에는 대체 무엇이 있는지, 서울 밖의 세상은 어떻게 생겼는지, 어디로 가야 살 수 있는지 당최 갈피를 잡기 어려웠기 때문이다. 나는 서울 생활 말고는 세상이나, 마을이나, 자연에 대해서는 아무것도 아는 게 없는 천하의 무식자였다는 사실을 깨달았다.

대도시와 농촌을 잇는 중소도시를 완충지대로

당장 내려갈 지역의 방향을 정하는 일도 어려웠다. 동서남북의 방위조차 아직 정해놓지 않은 상태였다. 지역의 방향과 방위를 정하려면 일단 '지역이란 무엇인지' 기본개념부터 파악하는 게 급선무였다. 관련된 책을 몇 권 읽었으나 독서로 지역을 이해하기는 어려웠다. 지역의 현장에서, 실생활에서 공부하는 게 상책이라는 생각이 들어, 일종의 귀농 연습 또는 지역하방 예행훈련부터 하기로 했다.

2002년 봄, 서울을 벗어나 중소도시로 향했다. 청주의 유통 프랜차이즈 중소기업에서 몇 개월 동안 경영전략 책임자로 일하고, 춘천의 생태마을 컨설팅회사에서 1년여 기획책임자로 일했다. 중소도시의 생활 경험은 대도시에서 농촌마을로 바로 넘어갈 때 겪게 되는 문화적 충격을 완화하기에는 충분했다. 그러다 생태마을 컨설팅회사에서 만난 9인의 귀농 동지와 의기투합하여, 진안의 산골마을로 공동귀농을 감행했다. 정주와 정착을 염두에 두고 내려갔지만 우리도, 지역도 준비가 부족했다. 결과적으로 3개월 정도의 공동귀농 연습을 한 셈이 되었다. 그 일로 서로에게 그리고 스스로에게 실망했으나 좌절하지는 않았다. '귀농이 만만치 않으니 다음에는 제대로, 철저히 준비하라'는 긍정적인 경고를 교훈으로 얻었다. 귀농의 의지를 다지는 자극제가 되었다.

다시 서울로 작전상 후퇴를 했다. 본격적인 자발적 하방, 또는 사회적 이민을 결행할 각오를 다지며 주말이나 휴일마다 나의 마을을 찾아 길을 나섰다. 미지의 세계에 숨겨둔 보물을 찾아나서는 기분으로 들뜬 상태였다. 한국의 국토가 좁다는 말은 믿지 않게 되었다. 하지만 어디에도 나를 기다리고 있는 땅이나 사람은 쉽게 발견할 수 없었다. 수만 명의 회원을 자랑하는 유명한 귀농인 커뮤니티 같은 온라인 정보 및 생활정보지 등 시중에 난무하는 귀농 관련 정보들은 대개 상업적이거나 비과학적이었다. 심지어 아무도 책임지지 않고 아무런 공신력도 없는 미신이나 전설 같은 정보들도 마구 뒤섞인 상태였다. 주로 부동산업자들이나 귀농시장의 장사꾼들이 올려놓은 악의적인 정보들이 대부분이었다. 이후 믿을 만한 사람이 직접 전해주는 정보 말고는 믿지 않기로 했다.

내려갈 지역을 결정한 두 가지 필수조건

그때, 인간의 본능으로 고향을 떠올렸다. 하지만 유년시절 부모의 손에 이끌려 떠나온 고향은 출생지라는 행정적 사실 말고 아무 연고나 관계가 남아 있지 않았다. 사실상 타향이나 객지라 할 정도의 낯선 공간이었다. 고향이라고 우선순위가 될 수 없는 상태였다. 고향으로 내려가는 귀향을 배제하고 나니, 귀농지를 정하는 선택의 폭이 너무 넓어져 막연했다. 사실상 무한에 가까운 경우의 수를 놓고 이리저리 잔머리를 굴리다 시간과 노력을 허비했다. 정신을 차리고 설사 기계적일지언정 나름대로 '나의 마을'을 결정할 판단과 선택의 기준을 정하기로 했다.

 나의 마을로 삼을 만한 지역의 필수 또는 최우선 조건을 두 가지로 압축했다. 첫째, 고향이거나 그 근처일 것. 둘째는 지리산 자락일 것. '내가 태어난' 고향은 고향 사람인 나를 무조건 반길 것이고, '어머니 산' 지리산은 나를 어머니처럼 무조건 품어줄 것이라고 기대했다. 그 두 가지 요건을 동시에 충족시키는 유력 후보지는 세 지역으로 좁아졌다. 고향인 진주가 1순위, 그에 인접한 하동과 산청이 각각 2, 3순위로 정해졌다. 세 지역 모두 지리산 남쪽 자락에 자리하고 있음은 물론이다.

　진주는 내가 태어난 고향이라 1순위에 올렸다. 천년 고도, 예술과 문화의 고장인 진주의 거리를 걷다 보면 수많은 어머니의 얼굴과 말투를 마주할 수 있다. 경계하는 표정을 짓는 타인조차 안심이 될 정도다. 귀농지를 정하는 데 이것 말고 다른 사유나 설명은 더 필요하지 않을 것이다. 다만, 30만 명이나 모여 사는 도시지역이라는 게 마음에 걸렸을 뿐이다. 2순위 하동은 아버지와 할아버지가 태어나 살던 가계의 뿌리가 있는 곳이다. 적량면 서리 중서마을, 지금도 오지 중의 오지인 그 마을에 가보면 조상들이 얼마나 힘겹게 살았을지 확인할 수 있다. 무엇보다 하동은 한국에서 가장 아름다운 강인 섬진강 줄기와 한국에서 가장 상서로운 논인 악양 들판의 풍광과 기운이 매력적이고 인상적인 곳이다. 3순위 산청은 간디학교, 민들레공동체 등 새 세상을 꿈꾸는 귀농인들이 어울려 살고 있는 활기찬 산촌이다.

　진주와 하동, 산청 등 지리산 남쪽 자락의 세 지역마다 발품을 팔며 '나의 마을' 후보지를 찾아 헤맸다. 마을마다 빈집은 많았으나 가난한 귀농인이 들어가 살 만한 집은 드물었다. 마침내 산청의 경호강변에 있는 방목마을에서 주인 할머니가 돌아가시고 빈 지 몇 달 되지 않은 농가를 발견했다. 보증금 없이 월세 5만 원에 빌릴 수 있는 200년 된 흙집이었다. 주저할 게 없었다. 집주인인 마을의 이장을 찾아가 산청군민이 되겠다고, 방목마을의 주민으로 살겠다고 약속하고 부동산 임대차계약을 맺었다.

먹고살 만한 일을 좇아 열 번 넘게 이사

하지만 고향과 지리산이란 두 가지 조건보다 더 중요한 조건은 나중에 발견했다. 그 너무나도 중요한 사실을 산청의 마을주민으로 1년여 살아본 다음에야 비로소 깨달았다. 고향도 참 좋고 지리산 자락도 정말 좋지만, 그 두 가지 조건을 압도하는 최우선 조건은 '먹고살 만한 일'이다. 집과 마을도 중요하지만 우선 일이 있어야 한다. 물론 하방하기 전에 그 생각을 전혀 하지 않은 것은 아니다. 하지만 안이했다. '설마 어디를 가든지 무슨 일을 해서라도 먹고는 살지 않겠어'라며 스스로를 안심시키고 속였다. 그게 탈이었다. 마을로 내려가서 보니 먹고살 만한 일은 아무 데서나, 언제나 구할 수 있는 게 아니었다. 무엇보다 도시에서 잔머리와 펜대만 굴리던 사무직 급여노동자 출신에게 지역의 시장과 산업은 더 가혹했다. 마치 황량한 사막이나 광야 같은 사지에서 사는 것처럼 생활을 조여 왔다. 그렇다고 물욕이나 재물욕을 챙겨 온 것도 아니었다. 다만 매달 50만 원이라도 고정적으로, 예측가능하게 벌 수 있으면 좋겠다는 정도의 아주 소박하고 간절한 욕심 말고는 다 내려놓은 상태였다. 그래도 아무 소용없었다.

솔직히 산청을 귀농지로 정하면서 배후도시 진주가 멀지 않아 어려울 때는 품을 팔러 다닐 수도 있으리라 기대했다. 하지만 고향 진주마저 별 소용이 없었다. 30만 명이 모여 사는 도시에도 내가 할 만한 일은 거의 없었다. 우리 지역의 경제와 시장이 얼마나 빈사, 고사 상태로 낙후되었는지 체감할 수 있었다. 수시로 생활정보지를 샅샅이 뒤졌으나 먹고살 만한 일은 결코 눈에 띄지 않았다. 아니, 아예 없지는 않았다. 보습학원 강사나 농공단지의 단순노무직 정도는 있었다. 하지만 그저 생물학적으로 살기 위해 귀농을 한 게 아니라서 그 일은 내 것으로 생각되지 않았다.

어쨌든 고향 인근과 지리산 자락이라는 두 가지 낭만적, 이상적 조건을 충족하는 귀농지는 아직 나의 현실이 아니었다. 채 1년도 안 돼, 첫 귀농지인 산청을 떠날 수밖에 없는 순간이 도래했다. 이후에 돌이켜 생각하니, 2002년 서울을 벗어난 이후 순천 주암호숫가에 살고 있는 지금까지 이사만 열 번을 넘게 했다. 오직 '먹고살 만한 일거리', 다만 '사람의 구실과 도리를 잘할 수 있는 일자리'라는 소중한 삶의 조건을 좇아 다닌 고단한 여정이었다. 물론, 그 여정은 사는 동안 끝낼 수 없을지 모른다. 나로서는 어쩔 수 없는 일이다.

고향이 아니면 제2의 고향으로

'할 만한 일'을 찾아간 두 번째 귀농지는 경북 칠곡 낙동강변의 왜관이었다. 아무런 연고도, 사연도 없는 완벽한 타향 객지였다. 친환경 토종매실을 생산하고 가공하는 농장이자 농업회사법인이 그곳에 있었다. 그 회사에 기획관리를 책임지는 기획실장으로 취직을 했다. 물론 월급이나 받자는 게 아니라 농사를 배우려는 목적이 더 컸다. 하지만 도시의 일반적 회사와는 생활환경도, 업무도 달랐으나 회사는 회사였다. 거기에서도 2년쯤 일하고 다시 짐을 쌌다. 고향도, 지리산 자락도, 사람의 구실과 도리를 잘하면서 먹고살 만한 일자리도 아니었기 때문이다. 결정적으로, 월급쟁이 회사원 노릇에 충실하려니 소망하던 친환경농사를 짓는 기술도 제대로 배우지 못했다.

그런 농부가 될 수 있는 기회도, 전망도 잘 보이지 않았다. 그러다 다시 원주의 마을잡지사 기자로, 또 진주의 마을컨설턴트로, 진안에서는 귀농컨설턴트로, 그리고 무주를 거쳐 순천의 마을연구원 등으로 경상도, 강원도, 전라도를 넘나들었다. 재산과 가족, 몸과 마음이 모두 구름처럼 가벼워 가능한 일이었을 것이다. 그사이, 부산과 서울, 인천 등지로 도합 2년 정도의 기간은 '먹고살 일'을 좇아 간헐적으로 도시난민 생활을 감당한 적도 있다. 그렇다고 '지금 여기'가 귀농 여정의 최종 종착지라고 확언하기는 어렵다. 유목민의 이삿짐인 양 또 짐을 꾸릴 수도 있을 것이다. 반드시 지금 이곳에 살아야 하는 이유, 이곳이 아니면 안 되는 이유를 찾는 일은 간단치 않기 때문이다. 그렇다고 반드시 가서 살아야 하는 특정 지역이 있는 것도 아니다. 물론 마음은 늘 고향에, 지리산 자락에 가 있기 때문에 언젠가 지리산 자락의 어느 마을에 귀농의 짐을 풀 수도 있다.

'내려갈 지역 정하기'의 결론은 이렇다. 내가 겪어본 바로는 귀농하기에 최적인 지역은 단연 고향이다. 지금도 전국을 헤매고 있을 귀농인들은 결국 고향에서 자신의 마을을 발견할 가능성이 크다. 그런데 도시가 고향인 도시 토박이들은, 아예 고향이 사라진 실향민들은, 또 고향에 가봐야 도저히 살아갈 방법이 없는 불행한 난민들은 어찌해야 하는가? 고향이 없다면, 고향에 갈 수 없다면 '제2의 고향'을 새로 만드는 수밖에. 제2의 고향에서 '제2의 인생'을 다시 설계하면 된다. 서로 돌보고 보살피고 걱정하고 나눌 수 있는 믿을 만한 사람이 살고 있는 마을이 곧 제2의 고향일 수 있다. 품은 뜻을 함께 모아 농사든 뭐든 '사람답게 먹고살 만한 일'을 더불어 도모할 수 있는 동지가 있는 마을이 제2의 고향이다. 그곳이 최적의 귀농지이자 나의 마을이다.

들어갈 마을 찾기

마을이란 주로 시골에서 집들이 모여 있는 곳을 뜻한다. 결국 사람들이 모여 사는 곳이 마을인 셈이다. 사전의 정의에 맞춘다면, 도시에 있는 마을은 '진짜 마을'이 아닐 수 있다. 그래서 도시의 마을은 일반적으로 '동네'라고 부르는 게 적당하다. 나는 마흔 살까지 도시의 동네에서 살면서 왜 도시는 마을일 수 없는지 체득했다. 도시의 일상은 오직 먹고사는 생업에만 매달리게 된다. 사는 내내 줄곧 앞만 보고 내달리게 된다. 지은 죄가 없어도 무엇엔가 계속 쫓기는 삶을 살게 된다. 그러다 삶과 일은 따로 더 멀리 떨어지고, 삶은 일에 치이거나 억눌려 결국 몸과 마음이 모두 지치게 된다. 절체절명의 지상과제인 먹고사는 일로 인해 사람답게 사는 삶은 자꾸 뒷전으로 밀린다. 그렇게 늙다가 죽을 걸 충분히 예감하면서도 스스로 멈추기가 어렵다. 주위를 둘러봐도 다들 그렇게 살기 때문에 안심하며 그걸 도시민의 숙명이라 받아들인다. 체념하게 된다.

그런데 마을에선 도시에서처럼 살고 싶어 하지 않는다. 그래서 도시민들이 마을에 대한 그리움에 사무쳐 그토록 마을공동체 사업을 갈구하며 열심히 추진하는 게 아니겠는가? 도시는 본디 마을이 아니고, 마을이 되기도 어렵다는 사실을 전혀 모르지 않을 텐데 말이다. 모름지기 사람들의 집이 모여 사는 마을이라면 최소한 삶(생활)과 일(생업)이 하나가 되어야 한다. 그러나 오늘날 우리가 사는 도시는 그게 안 되지 않는가. 설사 마음은 있어도 몸이 말을 잘 안 듣지 않는가.

생태공동체마을 네트워크 건설 대안공동체회사의 그림을

삶과 일이 동일한 시공간에 적정하게 혼재하고 병행되는 일, 그게 도시의 동네에서는 참 어렵다. 하지만 시골의 마을에서는 어느 정도 가능하다고 믿는다. 농사를 짓든 짓지 않든, 일을 하다가 멈춰 서서 뒤를 돌아보고 옆을 살펴볼 여유가 생긴다. 이웃과 지역을 챙길 이타주의와 공동체 의식이 드러난다. 삶과 일이 서로 섞이고, 쉼(여가)과 놀이(문화)가 저절로 엮인다. 비로소 사람으로서, 사람답게 살아가기 좋은 시공간인 '마을'을 이룬다. 비록 먹고사는 일은 여전히 고단하지만, 불안해하거나 개의치 않으면서 말이다.

그래서 2002년 여름, 나는 도시의 동네 주민으로 사는 일상과 일생에서 벗어나기로 했다. 마침내 생업에만 몰입하고 매진해야 겨우 살아지는 도시를 탈출해 하방했다. 하지만 도시의 동네를 벗어나 처음 마주친 마을은 바라던 그 사전 속의 마을이 아니었다. 호젓한 지방 소도시의 변두리, 뒤뜰이라 불리는 춘천의 후평동에서 농촌마을을 연구하고 컨설팅하는 하는 회사에 취직을 했다. 당시 PC통신에서 전라도 산골마을의 사무장을 구한다는 광고를 보고 연락하니 그 회사였다. 그런데 그 회사에서 나에게 "지금 혼자 마을로 내려가지 말고, 함께 일을 하다 나중에 같이 마을로 내려가자"고 제안했다. 당장 마을로 내려가고 싶은 마음이 강했지만 나쁘지 않은 제안이라 수용했다. '묻지마 귀농'을 서두르지 말고 대체 마을이란 무엇인지 공부부터 하는 게 좋겠다고 판단한 것이다.

회사에는 이미 마을공동체처럼 일과 삶을 함께하고 싶어 하는 20여 명이 모여 있었다. 환경을 공부한 이들과 환경운동을 하던 이들이 주류였다. 서로 학교나 단체 등 사사로운 관계로 맺어져 형식적인 위계질서도 없고, 고용인과 피고용인의 경계도 없는 상태였다. 차라리 NGO나 유사 협동조합 같은 회사의 직원과 가족들이 그 '공동체'에 모여 함께 밥도 먹고 카쉐어링도 하고 놀이도 더불어 즐겼다. 마치 농촌의 마을에서 농사짓는 농부들인 양 생업과 생활을 공유했다. 나는 서울에서 중소기업과 벤처기업 등에서 일한 주특기를 밑천으로 기획실장의 과업을 맡았다. 서울에서 대안공동체벤처를 실험한 경험을 살려 일종의 '생태공동체마을 네트워크 건설 대안공동체회사'의 그림을 그리기 시작했다. 환경친화적이고 지속가능한 생태공동체를 건설하기 위해 생태마을·지역·건축 개발계획 및 컨설팅, 생태교육 및 생태관광, 친환경농산물 유통, 인터넷 및 출판, 생태환경 R&D 등을 주요 사업목적이자 존립명분으로 하는 회사를 말이다.

마을을 잘 모르면서 마을을 아는 척하는 회사

그러나 모든 계획은 계획대로 되지 않았다. 그 회사의 사업계획도 마찬가지였다. 사업목적이 너무 낭만적이고 시장경쟁력 또는 사업성이 취약한 게 탈이었다. 또 속으로는, 사실 마을도 잘 모르면서 마을을 아는 척하는 건 아닌가 하며 스스로를 의심하기 시작했다. 자칫 마을과 마을사람들에 대한 위선이나 기만으로 작용하지 않을까 자꾸 미안하고 부끄러워졌다. 결정적인 결함은 경제주체로서의 사업성 또는 지속가능성이었다. 농촌지역 개발사업의 계획도 세우고 교육도 하고 마케팅도 돕는 주요 업무들은 시장도 협소하고 부가가치가 매우 낮았다. 기업전문가의 입장에서 진단했을 때, 수익성은 고사하고 최소한의 수지타산도 맞출 수 없는 지경이었다. 예측가능한 매출, 지속가능한 급여는 전혀 보장되지 않았다. 저마다 생계가 불안해지자 마음도 약해졌다. 마침내 회사 문을 연 지 1년도 되지 않아 서로에게 실망하거나 원망하면서 '생태공동체마을 네트워크 건설 대안공동체회사'의 초심과 구상은 표류하기 시작했다.

대신 전국 방방곡곡 농촌의 현장을 돌아다니면서 기대하던 마을 관련 공부는 얼마든지 할 수 있었다. 자연스레 마을이란 무엇인지 몸소 체득하면서 귀농의 각오를 보다 현실적으로 다질 수 있었다. 마을에 내려가서도 그런 각오와 자세로 살면 되겠다는 희망이 생겼다. 그 무렵, "마을에 살지도 않으면서, 마을도 잘 모르면서, 마을을 아는 척, 마을을 연구하고 컨설팅하고 훈수를 두는 부끄러운 짓은 당장 그만두라"고 마음이 명령했다. 어서 마을로 내려가 마을사람이 되는 게 '마을전문가'가 되는 상책이라는 생각이 들었던 것이다. 마침내 회사 직원보다는 마을주민이기를 더 소망하던 9명의 동료 직원들이 뜻을 모았다. "공농으로 귀농해 공농으로 일하고 공농으로 살아보자"며 의기투합하여, 마음에 품어둔 마을 가운데 1순위로 찍어놓은 진안의 산골마을을 목적지로 합의했다. 그 마을을 낙점한 이유는 단순하고 명쾌하다. "우리가 그 마을에 가면 할 만한 일이 있지 않겠나. 우리가 하는 일이 마을에도 도움이 되지 않겠나. 마을에 필요한 사람들로 환영받고 인정받을 수 있지 않겠나."

생태공동체마을 건설패 풀씨네의 공동귀농 연습

2003년 가을, 도시에서 적게는 20여 년에서 많게는 40년 넘게 살아온 아홉 도시민들이 공동귀농을 결행했다. 전북 진안군 동향면 능금리 능길마을이었다. 그곳은 이미 정부의 사업비를 받아 폐교를 개조해 교육장, 체험센터, 농식품가공장 등을 갖춘 농촌체험마을이었다. 오리농법으로 친환경농사도 짓고 몇 명의 귀농인도 있는 선도적인 마을이었다. 무엇보다 무주, 진안, 장수가 만나는 '무진장의 접점'이라는 특별한 지정학적 입지가 재미있다. 게다가 무주의 푸른꿈고등학교와 광대정 생태공동체마을, 장수의 하늘소 귀농인 순환농업마을이 지척에 있었다. 이들의 관계를 잘 엮는다면 '무진장 트라이앵글 네트워크'라는 지역사회 공동체의 그림으로 확장할 수도 있으리라는 포부가 있었다.

우리는 이름까지 '생태공동체마을 건설패 풀씨네'라고 호기롭게 짓고는 마을에 들이닥쳤다. 마을사무장, 지역공무원, 대안학교 교사, 농식품가공원, 체험센터 강사, 친환경 농부, 농업회사원 등 각자의 사업계획을 가슴에 품은 채. 호적의 이름이나 직장의 직함을 버리고 각자 무엇인가를 싹틔우겠다는 뜻으로 서로를 '씨'라고 불렀다. 당초 풀씨는 나의 이름이었는데, 모두의 이름으로 내주고 나는 다시 '홀씨(wholesee)'라고 이름을 지었다. 모든 것을 보고, 전체를 보겠다는 각오와 자세의 표현이었다.

아홉 명의 젊은 귀농인들이 느닷없이 오지 산골마을에 나타나자 〈전라도닷컴〉이란 잡지사에서 취재를 오는 등 소동이 벌어졌다. 진안은 물론 무주, 장수 등에서 마을전문가들이 내려왔다는 소식을 듣고 기대도 크게 했다. 하지만 풀씨네의 당찬 공동귀농은 3개월짜리 해프닝으로 그치고 만다. 각자 염두에 두었던 '할 만한 일'은 생각처럼 손에 잘 잡히지 않았다. 머리와 말로

만 할 일은 아직 마을에 없다는 현실을 깨닫자, 점점 조바심이 나고 마음이 흔들렸다. 준비 부족, 시기상조였다. 더욱이 작은 농가 하나를 빌려 좁은 공간에서 하루 종일 함께 생활하다 보니 밤마다 모이면 술만 퍼 마시고, 회의는 말다툼으로 이어지는 일이 잦았다. 마을주민들도 슬슬 눈치를 주기 시작했다. "쟤들은 왜 마을에 내려왔대"라고 수근거리며 조롱하는 환청까지 들렸다. 더 이상 마을에서 함께 살아야 할 명분과 이유를 잃었다는 데 우리는 거의 처음이자 마지막으로 의견을 모았다. 그리고 뿔뿔이 제 갈 길로 흩어지기로 만장일치로 합의했다.

지리산으로, 경호강으로, 낙동강으로 산 넘고 물 건너

동지들과 헤어져 서울로 작전상 후퇴를 했다. 영세출판사에서 '자연을 읽는 책들'의 출판기획 일을 하며 몇 달 동안 전열을 재정비했다. 단독으로 귀농할 준비를 한 것이다. 인터넷에서 수집해 분석한 정보를 바탕으로 지리산 남쪽 웅석봉 아랫마을 운리(구름마을)에 셋집을 구했다. 지리산 청정 전원마을이란 말에 설득을 당했다. 은퇴한 중산층 귀농인이나 진주시나 산청읍으로 출퇴근하는 직장인들이 모여 사는 전형적인 기획부동산형 마을이었다. 내려오면서 예상은 했지만, 마을에 들어온 목적과 처지가 나와는 다른 주민들이 많아 선배주민들과 마땅히 공유하거나 나눌 만한 일이 없었다. 출판사에서 받아 온 출판기획, 대필 일을 하며 그저 청정한 공기나 호흡하고, 새 소리와 바람 소리를 청취하는 일로 소일했다. 하지만 걱정했던 대로 무명의 유령작가로는 최소한의 수입도 보장되지 않아 늘 생활이 위태로웠다.

결국 전원마을 이주민이나 귀농인이 아닌, 원주민들과 함께 살 수 있는 오래된 마을을 찾아 나섰다. 산청, 하동, 진주 등지의 마을마다 불쑥 들어가 이장님부터 찾았다. 이장님을 만나면 "마을에 빈집이 있으면 좀 내놓으시라"며 다그치듯, 그러나 간절하게 물어봤다. 마침 산청 방목마을에서 홀로 살던 할머니가 돌아가신 지 몇 달 안 된 오래된 흙집을 발견했다. 보증금 없이 월세 5만 원이라 주저할 필요가 없었다. 경호강변에 옹기종기 모여 사는 작은 마을이라 조용하고 평화롭고 아늑한 느낌이 들었다. 무엇보다 편의시설이 모여 있는 단성면과 신안면 소재지나 산청휴게소가 그리 멀지 않은 것도 장점이었다.

그러나 농부들만 모여 사는 마을에서 혼자 '글 농사'를 짓고 있으려니 뻘쭘했다. 글 농사는 돈도 되지 않았다. 글 노동의 단가를 높여보고자 무모하게 10류 시인으로 등단도 했으나 그도 별 소용이 없었다. 그렇다고 땅도, 기술도, 무엇보다 농부의 품성도 갖추지 못한 상태에서 무턱대고 농사일에 덤벼들 수는 없는 처지였다. 그래서 본격적으로 농사를 배워보기로 작심하고 농사를 배우며 돈도 벌 수 있는 농장을 탐색했다. 그때 왜관읍 낙동강변에 2만여 평의 매실농장과 가공장을 운영하는 농업회사법인을 만났다. 마침 농장에 부속된 숙소가 산골마을에 있어, 농장의 생업과 마을의 생활이 거의 붙어 있는 마을기업 중심의 마을공동체 같은 환경이었다. 조건이 나쁘지는 않았으나 그렇다고 좋지도 않았다.

경상도의 고향 마을에서, 전라도의 타향 마을까지

이후 '나의 마을'을 찾아 나선 여정은 경상도와 전라도를 넘나든다. 경남의 진주 매동마을에서 전북 진안의 학선리, 무주의 읍내리와 북창리로, 그리고 지금의 전남 순천 삼청리로 10년여 동안 이어진다. 이사비용과 적응비용 등 경제적 손실이 적지 않았으나, 그 대가와 보상으로 정신적인 각성과 사회적인 경험을 얻었다. 무엇보다 나의 마을을 찾아 들어가는 두 가지 원칙과 기준을 확고히 세울 수 있었다.

"그 마을로 굳이 들어가려는 이유로 스스로를 설득할 수 있을 것". 그리고 "그 이유를 마을사람들에게 설명해도 충분히 공감을 얻을 수 있을 것".

가령 진주에서는 "내가 태어난 고향에 돌아와 살고 싶다"며, 진안에서는 "귀농1번지 진안에서 마을기업을 해보려 한다"며, 무주에서는 "마을연구 리빙랩(Living Lab)의 모델을 개발하겠다"며, 그리고 순천에서는 "마을에 관한 논문과 모델을, 그리고 마을의 이야기를 소설로 정리하려 한다"며 마을 속으로 들어갔다. 그랬더니 스스로도 흔쾌히 설득이 되고, 마을사람들도 거부감 없이 맞아주었다. 특히, 가장 오래인 5년여를 살았던 무주 초리마을은 가난하고 낙후된 우리 농촌의 표본 같은 곳이다. 40호 정도의 작은 산촌에 50대 주민이라곤 이장댁과 우리 집뿐이었다. 거의가 늙고 몸도 성치 않아 노동력을 상실한 70~80대 노인들뿐이었는데, 그들은 노인연금과 시니어클럽의 노인일자리 사업, 그리고 자식들의 용돈으로 겨우 연명하고 살았다. 젊은 이장은 돈을 벌어보겠다며 녹색농촌체험마을이니 전북향토산업마을이니 하는 마을사업을 받아놨지만 정부의 사업지침대로 일자리와 소득을 만든다는 건 어불성설이었다. 그래서 마을을 연구하는 전문가 행세를 하는 내가 주민의 한 사람으로서 말로나마 그를 거들었다. 아예 5명의 발기인을 겨우 꾸려 마을협동조합도 만들었다. 하지만 그건 무주군에서 군정 구호로 내건 대로 '부자마을'을 만들려던 게 아니었다. 또 그렇게 될 수도 없다.

마을에서 아웃사이더나 유령이 되지 않으려면

일반적인 도시민들은 선뜻 마을로 내려갈 엄두를 내지 못한다. 이건 개인의 문제나 잘못이 아니라 그게 정상이다. 막상 마을로 내려가자니 뭘 하며 먹고살아야 할지 불안감과 두려움이 앞선다. 그렇게 우물쭈물하다 어느새 일도 없어지고 삶도 황혼에 접어들지만, 자칫 잉여인간으로 전락할지 모른다는 불안감과 두려움으로 늘 갈등한다. 이러지도 저러지도 못한 채 도시에서 인생을 쓸쓸하게 마감할 가능성이 높다.

결국 먹고사는 게 문제다. 농사를 짓든 짓지 않든, '마을에서 먹고사는 법'이 열쇠다. 그에 덧붙여 '사람으로서, 사람답게 먹고살 수 있는 곳'이 되어야 한다. 서로가 서로를 믿고 기대고 돌보고 보살필 수 있는 곳이라야 한다. 그렇게 삶과 일, 쉼과 놀이가 하나 되는 곳이라야 한다. 그리고 정부나 사회에서 개인적인 민생고의 난제를 풀어줘야 한다. 국가와 사회에서 농촌을 대상으로 한 법이나 제도, 지원사업보다 먼저 해야 할 일이 있다. 농민기본소득, 무상교육, 무상의료, 무상급식 같은 사회복지 안전망이다. 나아가 먹고사는 생활의 기술을 가르치는 직업학교, 지역공유 사회적경제 자산은행, 지역단위 협동연대 농업·농촌경영체 같은 사회적자본 발전소를 갖추어야 한다. 그러면 '마을에서 먹고사는 문제'는 저절로 풀릴 수 있다. 용기가 부족한 도시민들도 마을로 안심하고 귀농할 수 있게 된다.

그런데 국가와 정부에서 사회안전망을 깔아주기 전에, 사회에 사회적자본이 두텁게 축적되기만을 하염없이 기다릴 수는 없는 노릇이다. 개인들도 해야 할 일이 있다. 나의 마을을 찾고 결정하기 전에 "그 마을에 왜 들어가야 하는지" 자신부터 설득해야 한다. 그리고 마을사람들에게 얼마든지 그에 대해 설명할 자신이 있어야 한다. 아니면 자칫 도시의 동네와 직장에서 그랬던 것처럼, 그 마을의 수상한 아웃사이더로 오해받거나 외로운 유령으로 낙인이 찍힐 수 있다.

살아갈 땅 고르기

땅은 네 것도, 내 것도 아니다

"문제는 경제야, 바보야(It's the economy, stupid)." 빌 클린턴을 1992년 대선에서 미국 대통령으로 만든 말이다. "문제는 땅(Land)이야, 바보야." 부동산투기공화국 한국에선 이 말이 대다수 국민을 움직일 수 있을 것이다. 만일 땅 문제를 해결하려는 진심과 능력이 전해지는 정치인이 있다면 능히 대통령이 될 수 있을 것이다.

너무도 좁은 땅에, 땅이 필요한 너무도 많은 사람이 모여 살아서 생기는 도시의 땅 문제는 심각하다. 서울은 이미 1평당 대지가격이 2000만 원을 넘겼다. 한 뼘의 내 땅을 찾아 마을에 내려가지만, 마을에서도 땅 문제는 여전하다. 마을의 땅도 대부분 이미 소유하고 있는 지주가 따로 있기 때문이다. 무엇보다 쓸 만한 땅은 누군가가 반드시 선점하고 있다. 그것도 마을사람이 아닌 외지의 도시민에 의해, 아주 비싼 시장가격으로 말이다. 이렇게 땅을 사사로이 소유하고 지배하는 마을의 지주 '갑'으로부터 가난한 귀농인인

'을'이 땅을 사거나 빌리는 일은 난제 중의 난제다. 그렇다고 땅을 구하는 일은 피해갈 수 없는 귀농 정착의 필수적인 통과의례다. 귀농을 해서 마을에서 농사도 짓고 집도 지으려면 땅이 있어야 한다. 몸을 편히 누일 내 땅 한 평 없어 서럽고 불편했던 도시의 일상을 마을에서도 되풀이하기 십상이다.

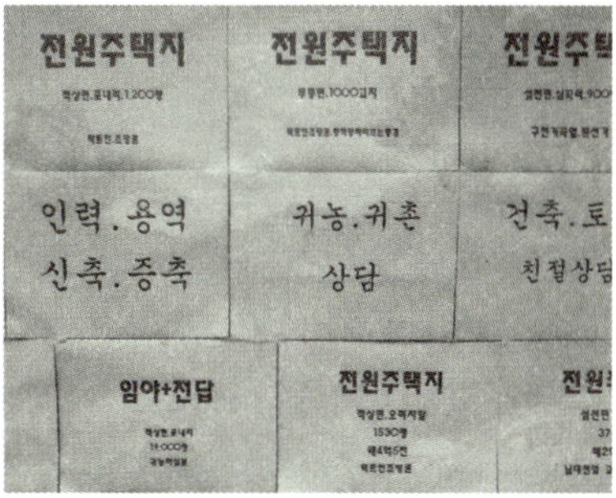

그림2. '땅'은 팔고사는 상품이 아니다

땅은 자연이 인류에게 선물한 만인의 공유재

미국의 정치경제학자 헨리 조지(Henry George)는 "본디 땅은 네 것, 내 것이 없다"고 했다. "개인은 자신의 노동생산물을 사적으로 소유할 권리가 있는 반면, 사람이 창조하지 아니한 것, 즉 토지와 환경 같은 자연에 의해 주어지는 것은 모든 사람에게 공평하게 귀속된다"고 주장했다. 한국에도 이런 조지주의(Georgism, 지공주의)를 믿고 따르는 사람이 적지 않다. 2017년에 한 대선 후보는 국토보유세를 핵심공약으로 내걸기도 했다. 나도 조지주의를 믿고 그 대선 후보를 지지한다.

하지만 자본주의 체제와 질서를 지나치게 맹신하는 속칭 헬조선 한국에서, 조지주의는 여전히 소수 좌파의 터무니없는 궤변으로 무시를 당한다. 우파에 의해서 사회주의자나 공산주의자라며 비난을 받고 매도를 당하는 봉변을 겪기도 한다. 이미 땅을 선점한 기득권의 부자들은 땅이라는 부동산은 '우리 모두의 공유재'가 아니라며, "무상몰수, 무상분배의 토지개혁이라도 하자는 거냐"며 대들고 따진다. 그들에게 땅은 오직 돈 놓고 돈 먹는 데 참으로 요긴한 매력적인 투기상품에 불과하다. 신분 상승의 도구로 신처럼 떠받들어야 마땅하다고 생각한다. 그래서 이 나라에서는 재벌, 고관대작부터 소시민, 비정규직 노동자에 이르기까지 땅의 유혹에서 자유롭지 않다. 지난날 일확천금 불로소득을 올린 땅 투기의 무수한 성공사례를 부러워하기까지 한다. 국민의 대다수가 그렇게 생각하고 행동하니, 설사 불법이나 비리를 저질러도 죄의식을 느끼지 않을 정도다. 땅, 집 등 부동산 투기가 부끄럽기는커녕 "왜 나만 갖고 그래, 그러는 너는!"이라며 뻔뻔하게 따지고 대드는 모리배도 적지 않다.

역사적으로 땅은 본디 인류의 공유재이자 공유지였다. 고귀한 자연, 그 이상도 이하도 아닌 땅이 고작 투기상품이 된 흑역사는 16세기 유럽으로 거슬러 올라간다. 영국 등에서 촉발된 인클로저(enclosure) 운동이 그 발단이다. 땅을 독점해 사유화하기 시작한 영주들에 의해 땅의 주인이자 경영자였던 농민들이 땅에서 추방돼 오갈 데 없는 유랑민이나 거지 신세로 전락했다. 그들은 결국 도시의 공장과 빈민가를 떠돌며 임노동자나 자본의 노예가 되고 말았다.

땅을 사유화할 필요가 없는 이상한 이상촌들

이후 땅과 정처를 잃고 헤매는 인류의 비극을 치유하고 복구하려는 실험과 혁명이 끊이지 않았다. 이스라엘의 키부츠(kibbutz)는 농지 공유 공동체(commune)의 모습이다. 일종의 집단생활 공동체로서 주민의 대부분은 농부인데,

가공업자나 기술자도 함께 사는 이른바 협동농장이다. 이곳에서는 땅은 물론 모든 재산을 누구나 공유한다. 밥도 네 식구, 내 식구를 따지지 않고 함께 공동식당에서 먹고, 아이들도 네 자식, 내 자식을 가리지 않고 공동육아를 한다. 보은, 영암, 고흥 등에서 귀농인 생태공동체마을을 실천하는 선애빌마을 사람들의 생활을 지켜보면 그런 키부츠가 연상된다. 돈을 모아서 함께 땅을 구입해 마을의 터를 마련하고, 주택의 건축도 모두의 노동력으로 함께 수행했다. 돈이 많은 사람은 많이, 돈이 적은 사람은 형편이 되는 대로 돈을 냈다. 농사도 함께 지어 먹을거리를 나누고, 농식품과 공예품 가공을 하는 사회적기업도 함께 꾸려간다. 밥도 마을식당에서 공동으로 당번을 정해 준비하고, 아이들도 대안학교에서 더불어 가르친다.

무주 설천면 민주지산 자락에는 땅이 공짜인 마을도 있다. '신선동 자연문화마을'이라 불린다. 집을 지을 돈만 있으면 누구나 그 마을에 들어와 집을 짓고 살 수 있다. 겉보기에 마치 신선이나 도사처럼 생긴 지주 '신불사의 한백대사'가 정한 원칙이다. 그가 보기에 마을의 평화와 자연의 질서를 깨뜨리지 않는 사람이면 입주 자격이 주어진다. 그는 젊은 시절 돈이 생기는 대로 오지 산골의 땅을 조금씩 사두었다고 한다. 그 땅이 모여 누구나 땅의 사용권자가 될 수 있는 '토지 무소유 마을'을 이루게 된 것이다. 그는 300년 후를 내다보고 민족전통생활문화의 터전과 자연문화시범단지를 그리고 있다고 한다.

돌이켜보니, 지난날 지리산 자락에도 그런 지주가 있었다. 함양 어딘가 30만 평의 땅을 가지고 있던 그이는 이상촌을 만들고 싶어 했다. "내가 소싯적에 사업을 했는데 내가 잘나서 돈 좀 벌었다. 개처럼 벌었지만 정승처럼 쓰고 싶어, 그 돈으로 사람 사는 마을을 만들고 싶었다. 비록 땅은 내 것이지만 마을은 우리 모두의 것이다. 그러니 집 지을 돈만 가지고 마을로 들어오라.

더불어 잘 먹고 잘 살 수 있는 이상촌을 건설해보자." 하지만 마을의 유일한 지주인 그이가 마을의 영주처럼 느껴진 귀농인들과 불화가 일어난 끝에 결국 이상촌의 욕심을 접었다는 소문만 들었다.

홍성 장곡면 도산리에서 청년들이 '젊은협업농장' 협동조합을 일군 사연도 인상적이다. 마을 이장이 "젊은이들이 들어오면 노인들만 살던 마을에 활력이 생길 것 같다"며 자기 땅을 빌려주고 협동조합에도 참여하면서 농장을 창업할 수 있었다. 도시에서 소식을 듣고 내려온 청년 귀농인들은 그 땅에 비닐하우스를 여러 채 짓고 유기농 쌈채소 농사를 짓는다. 소꿉장난이나 동아리 활동처럼 보여 저래서 먹고살 수나 있을지 걱정되지만, 일종의 '청년 귀농인 인큐베이팅 센터' 역할 정도는 충분히 하고 있다.

그림3. 마을 이장이 빌려준 땅에서 청년들이 농사를 짓는 홍성 장곡리 '젊은협업농장'

귀농인들이 많이 깃든 홍성군에서는 아예 토지평화기금을 조성하고 나선 사례도 있다. 유럽의 공동체 토지신탁(CLT)처럼 공동기금으로 사들인 토지를 땅 없는 귀농인에게 장기 임대하려는 목적이다. 귀농인이 농부가 되려고 해도 빌릴 만한 농지를 찾기 어려운 농촌의 현실을 타개해보려는 자구책이다. 그런데 최대의 지주인 정부는 지금 땅으로 대체 무엇을 하고 있는가?

땅을 잘 사는 방법이 곧 땅에서 잘 사는 방법

귀농인들이 땅을 잘 사는 방법은 간단하다. 일단 내려가서 땅부터 덜컥 사지 않는 것이다. 땅 욕심을 부리지 않는 것이다. 땅 보기를 돌같이 하는 것이다. 지역도, 마을도, 땅도 잘 모르는 땅 무식자가 좋은 땅을 살 수는 없다. 심지어 같은 땅도 원주민은 싸게, 귀농인은 비싸게 사는 텃세와 차별을 당하기도 한다. 모르는 외지인에게는 부르는 게 땅값이 되기도 한다. 땅의 공정한 거래시장이 상설되지 않은 농촌에서 땅의 공정가격이나 시장가격이란 게 있을 리 없다.

그래서 다소 불편하거나 불안하더라도 우선은 남의 땅을 빌려 쓰는 게 좋다. 일단 '60세 이상 고령은퇴농업인이 5년 이상 자경한 농지' 등은 합법적으로 임차계약을 맺을 수 있다. 남의 땅을 빌려서 농사를 지어도 1,000m² 이상이면 농지원부를 만들어 농업인의 권리를 누릴 수 있다. 유휴농지를 빌려주는 농지은행도 따로 있다. 그렇게 땅을 빌려서 농사를 짓다 보면 주변에 '쓸 만한 땅'이 슬슬 눈에 보이기 시작한다. 좋은 땅과 나쁜 땅을 구별할 수 있게 된다. 마을에서 계속 살 사람이라는 좋은 평판을 얻으면 좋은 땅이 제발로 찾아오기도 한다. 농사를 더 지을 수 없는 늙은 농부들이 자기 땅을 슬

그머니 내놓는다. 평생 품고 농사를 짓던 소중한 땅이니 그런 땅은 믿을 만한 땅이다.

스스로 땅을 잘 알기 전에는 땅을 사는 일은 늘 조심해야 한다. 나쁜 땅, 쓸모없는 땅이 적지 않기 때문이다. 맹지가 대표적이다. 농촌에서는 실제로는 사람과 차가 다니는 길이 있지만, 막상 지적도에는 길이 없는 땅이 적지 않다. 이런 맹지를 농지나 건축부지로 전용하는 일은 쉽지 않다. 타인이 소유한 인접 땅의 토지사용승락서를 받고 그 사용료도 지불해야 한다. 물론 그것도 지주가 허락해야 가능한 일이다. 또한 땅을 살 때는 지주나 업자의 말만 곧이곧대로 들으면 안 된다. 자본주의 사회에서 이루어지는 거의 모든 사사로운 상거래에서, 판매자는 진실만 말하지 않는다. 불리한 사실, 그래서 감춰야 하는 사실은 굳이 말하지 않는다. 그렇기 때문에 급하게, 또는 싸게 나온 땅은 일단 의심해야 한다. 물을 대기 어렵거나 풀이나 나무가 잘 자라지 않는 척박한 토양이거나 인접한 토지와 분쟁이 있거나, 하여튼 무슨 문제가 있어도 있다.

근본적으로는 땅에 대한 욕심부터 다스리는 게 좋겠다. 땅은 부동산이나 축재의 도구가 아니라 그저 있는 그대로의 자연이라고 생각해야 한다. 어차피 땅은 네 것, 내 것이 없는 공유재다. 특히 농지는 농산물 생산 기능 외에 국토경관과 생물다양성의 유지, 물 관리와 홍수 예방, 토양 보전, 대기질 개선 등 86조 원에 달하는 다원적, 공공재적 가치를 발휘한다. 나도 수년 전 평생 처음으로, 귀농한 지 십 몇 년 만에 100여 평의 땅을 소유한 지주가 되었다. 땅을 재산 증식의 수단이나 투기상품으로서가 아닌 오직 생활의 정처이자 자연의 일부로 대하고 싶은 나는 그곳을 독점할 생각이 없다. 우리 가족, 두 마리의 강아지, 십여 그루의 나무들, 수십 마리의 이름 모를 새들, 그리고 수백 포기의 풀꽃들, 수천 마리의 벌레들과 공유한다. 땅의 사유화는 현대 사회에서 만악의 근원이기 때문이다.

살 집 마련하기

귀농인에게는 농지, 일자리 같은 생업의 수단이자 도구만큼 중요한 게 있다. 바로 생활의 터전인 집(주택)이다. 살 집을 구하러 마을을 돌아다녀보면 널려 있는 게 빈집이다. 하지만 막상 들어가 살 만한 집은 드물다. 대개 살던 사람이 마을을 떠나거나 세상을 떠나 폐가가 된 지 오래되어 고쳐 쓰기조차 어려운 상태가 많다. 설사 상태가 괜찮아도 집주인이 붙들고 놓지 않는 집들이 많다. 그렇다고 한 치 앞도 내다볼 수 없는 불안한 귀농인 처지에서 무조건 집을 새로 짓는 것도 현명하지 않다. 아무리 내 손으로 지은 내 집이 귀농인들의 강력한 로망이자 욕망이라고 해도. 어쨌든 저 푸른 초원 위의 그림 같은 집이야말로 잿빛 주거공간에 수용된 도시민들이 귀농을 결심, 결행하게 만드는 중요한 동기부여 요인인 것만은 사실이다. 그런 귀농인들이 비로소 집을 짓겠다는 마음을 먹고 구체적인 설계에 들어갈 때, 이런 비장한 각오를 다지곤 한다.

"짐승도 제 집은 제 손으로 짓는다."

생태건축, 지구인으로서 윤리이자 책무

제 손으로 집을 지으려는 순정한 귀농인들이 집을 부동산 상품으로 볼 리 없다. 화려하고 비싼 집이 아니라 건강하고 소박한 정주공간에서 생활하기를 원한다. 그래서 보통 구상 단계부터 생태건축을 염두에 두는 이들이 많다. 인체와 정신건강에 유해한 도시의 회색 콘크리트 숲에 갇혀 병든 육체와 정신을 정화하고 치유하려는 간절한 소망인 것이다. 황토흙집, 통나무집, 스트로베일 하우스(Strawbale House), 귀틀집, 전통한옥, 흙부대집(Earthbag House), 패시브 하우스(Passive House) 등 다양한 생태건축 유형이 개발되었다. 귀농인들에게 집 고르는 재미와 선택의 여지를 넓혀주고 있다.

이처럼 제 손으로 집을 지으려는 귀농인들에 의해 생태건축 수요가 점증하고 시장도 성장하면서 교육·시공 전문인 양성과정도 활발하다. 생태건축 동호인, 생태건축 전문회사 등 생태건축을 직접 설계하고 시공하는 전업·전문가 그룹도 활황이다. 농촌, 환경 관련 중앙정부와 귀농하려는 도시민을 경쟁하듯 유치하려는 지자체마다 예산을 따로 편성해 친환경주택의 개조나 신축, 생태전원마을(Eco-Village)의 조성을 적극 지원하기도 한다.

생태건축은 '자연환경과 조화되며 생태학적 관점에서 자원과 에너지를 최대한 효율적으로 이용하여 건강한 주생활, 업무가 가능한 건축'이라고 정의된다. 1960년대 이후 독일을 비롯해 환경문제와 자연환경의 중요성이 부각되면서 전 지구적 공통과제로 떠올랐다. 자연과 더불어 자유롭고 평화롭게 살려는 지구인으로서, 귀농인에게는 최적의 주택이라 아니 할 수 없다. 생태건축을 추구하는 귀농인들은 자연생태계를 훼손하거나 오염시키지 않아야 한다. 그러자면 나무나 돌 등 그 지역의 자연환경에서 쉽게 얻을 수 있는 자재와 자원을 우선적으로 활용하는 게 좋다. 버몬트 숲으로 들어가 주변의 돌을 주워 모아 돌집을 직접 짓고 조화로운 삶을 산 귀농인들의 스승, 니어링 부부처럼 말이다. 난방, 단열, 연료 등 에너지도 당연히 그 지역의 토양, 물, 태양, 공기 등이 선물하는 자연의 상호유기적 순환체계에 맞춰 그대로 순응하는 게 좋다. 구들문화로 상징되는 우리의 전통 농가주택의 구조에서 배우면 된다. 또 생태건축은 생물의 서식환경과 건축환경을 조화시키는 게 중요하다. 그림 같은 집처럼 보이기 위한 심미적 치장이나 호사는 이성적으로 억제하고 자제할 필요가 있다. 그러자면 공기의 오염, 폐기물 투기, 폐수 배출, 토양 포장은 삼가야 한다. 대신 마당 한편에 다양한 동식물이 서식하고 생활오수도 정화할 수 있도록 작은 연못이라도 파놓으면 좋을 것이다. 인공적 생물서식 공간인 비오토프(Biotope)로 생활 속에서 지혜를 뽐내고 멋을 부릴 수 있다.

그림4. 진안 학선리, 귀농인들의 생태건축(Strawbale House) 공사 현장

내가 다시 집을 지으면 사람이 아니다

이런저런 귀농학교에서도 생태건축은 친환경농사와 더불어 빠지지 않는 이수과목으로 자리를 잡았다. 진지하게 귀농에 임하는 귀농인들은 제 손으로 짓는 생태건축의 중요성과 소중함을 잘 알고 있다. 부디 모두 그런 집에서 생태적으로 제2의 인생을 살아갈 수 있기를 간절히 소망한다. 그 집에 어서 입주해 사랑하는 가족들과 살아가는 행복한 장면을 꿈꾸며 설계도를 그렸다 지웠다 무한반복한다. 제 손으로 짓는 생태건축물은 이 세상에 하나밖에 없는 우리 집이다. 귀농인들은 집을 지을 때가 가장 행복하다고 느끼곤 한다.

"제 살 집은 스스로, 손수 지어야 한다. 남이 지은 집에 사는 건 뻐꾸기가 다른 새의 둥지를 빼앗아 사는 것과 뭐가 다른가?"

하지만 그런 행복한 기분과 정의로운 자세는 구상하고 설계할 때까지만이다. 일단 집을 짓기 시작하면 곧 이런 심정으로 바뀐다.

"내가 다시 집을 지으면 사람이 아니다."

하마터면 내 손으로 내 집을 지을 뻔했던 나도 같은 심정을 느낀 바 있다. 무엇보다 평당 얼마로 책정한 건축비가 충분하지 않은 상태에서 의욕만 앞서 일을 저지르면 그 피로도와 고통 그리고 손해는 심각하다. 당초 책정한 평당 건축비용은 시공기간에 비례해 눈덩이처럼 불어나기 때문이다. 그렇다고 예산이 모자라다고 돈에 맞춰 집을 짓다 말거나 반쪽짜리 집을 지을 수도 없는 노릇이다.

사실은 평당 건축비용이라는 개념 자체가 애초 안일하고 터무니없는 것이다. 건축전문가도 감히 대답할 수 없는 곤란하고 어려운 질문이다. 같은 공법이라도 건축비를 좌우하는 수많은 요소와 변수에 따라 비용이 많이 들 수도 있고 적게 들 수도 있기 때문이다. 우선 스스로 지을지, 직영을 할지, 건축업자에게 맡길지 등 건축주체가 누구냐에 따라 건축비용이 천차만별로 달라진다. 집의 형태나 소요자재 등을 얼마나 단순하고 소박하게 지을지도 큰 변수다. 밖에서 접근하기는 좋은지, 길이 나지 않은 산골짜기인지 등 집의 입지도 비용 차이를 크게 만든다. 심지어 같이 집을 짓는 사람들끼리 호흡이 잘 맞는지, 날씨는 잘 따라주는지도 비용에 영향을 미친다. 급하다고 비가 많이 오거나 눈이 많이 내리는 날 집짓기를 강행하면, 공기는 줄일 수 있으되 집 전체를 하자보수의 사고뭉치로 만들 수 있다. 심지어 민원을 불사하는 이웃, 원주민과의 분쟁이 법정 다툼으로도 번질 수 있다.

그렇다면 아예 직접 생태건축 기술을 배워서 내 손으로 직접 집을 지으면 속이 편하지 않을까? 살아보니 이 세상의 모든 일은 생각대로 되지 않는다. 생태건축을 배우는 일 자체가 쉽지 않다. 일반적으로 생태건축 학교의 수강료는 만만치 않다. 제대로 배우려면 수강기간도 짧지 않아 경제적 형편이 여의치 않은 귀농인들은 생업 걱정 없이 편하게 배울 형편이 되지 않는다. 귀농해서 생태건축을 생업으로 삼으려 해도, 수작업 위주의 전통적 시공 시스템으로 인해 수지타산이 잘 맞지 않는 경우가 다반사다. 다 겪어봐서 잘 안다.

큰 마을과 온 세상도 작은 집 한 채에서부터

나도 귀농해서 객지의 빈 농가 셋집을 전전하는 동안, 어서 내가 살 집을 내가 지어야겠다는 생각을 오랫동안 깊이 품고 있었다. 드디어 귀농 동지 네 사람이 함께 집을 짓겠다고 땅도 사고 자재도 준비하는 결행의 순간이 다가오기도 했다. 들어가 살 새집을 생각만 해도 자꾸 가슴이 뛰었다. 그러나 집을 짓는 행동과 작업에 돌입하면서 생각이 바로 바뀌었다. "내가 집을 지으면 사람이 아니다"는 각성과 후회로. 염려했던 예산, 인력, 기술, 행정, 법규 등의 문제가 동시다발적으로 발생한 것이다. 그리고 바로 "내 팔자에 내 손으로 지은 내 집은 없을 것"이라고 자조하며 집짓기를 포기했다.

복기해보니, 일단 좋은 땅을 구하는 일부터 쉽지 않았던 게 문제의 화근이었다. 좋은 땅마다 이미 임자가 있었고, 임자가 있는 땅은 지주의 기분대로 부르는 게 값이었다. 우여곡절 끝에 어렵게 땅을 구하긴 했다. 그 마을의 이장님이 집을 지어서 마을주민으로 잘 살아보겠다는 귀농인을 좋게 보아 아끼던 오미자밭을 내놓은 것이다. 마침 집안일로 이장님이 급하게 목돈이 필요했다는 후문이다. 그런데 문제의 발단은 함께 집을 짓기로 한 네 사람이 땅을 네 등분으로 공평하게 나누는 기술적인 작업에서 시작됐다. 각 세대마다 농지와 대지와 도로가 모두 포함되도록 똑같이 네 등분 하는 작업은 쉽지 않았다. 결국 그 책임을 맡기로 한 이가 어이없는 실수를 저질렀다. 기술적인 정보, 행정적인 절차에 무지함에도 안이하게 준비하다가 측량을 잘못하는 사고가 발생한 것이다. 다시 측량을 하고 지적공사에 측량비를 한 번 더 지불했다.

빚을 내야 건축비를 겨우 댈 수 있을 가난한 형편에 누가 먼저랄 것도 없이 짜증을 내고 화를 냈다. 그보다 서로에 대한 믿음이 깨지기 시작한 게 더 심각했다. 믿고 맡겼던 귀농동지의 어이없는 실수, 또는 그 한 사람에게 떠맡긴 우리 모두의 무책임과 무능력 때문에 사사건건 갈등과 반목이 이어졌다. 그렇게 함께 집을 지어서 친환경농사도 함께 짓고 생태건축 일도 함께 하면서 먹고살자는 귀농동지 네 사람의 맹약은 집을 짓기도 전에 공염불이 되어버렸다. 서로 더 싫어지기 전에 헤어지는 게 상책이었다. 그래서 나는 내 몫의 땅을 팔고 무주로 이주한 뒤, 군청 벼룩시장 게시판에서 귀농인이 직접

지은 작은 황토벽돌집을 발견하고 덜컥 충동구매하고 말았다. 일단 내 집을 내 손으로 짓겠다는 강박에서 얼른 벗어나고 싶었다. 더 이상 집 지을 땅을 찾아다닐 필요도, 측량도, 농지 전용도, 설계도, 자재 구입도, 시공도 고민할 필요가 없어지니 무거운 짐을 벗어버린 홀가분한 기분이 되었다. 비록 방은 작고, 단열도 잘 안 되고, 농사지을 텃밭도 딸려 있지 않았지만 내 손으로 지은 내 집을 향한 욕망과 미련을 억누르고 다스리기에는 충분했다.

    하지만 나는 여전히 인정한다. 몸과 마음이 따로 놀지 않는 일체감, 땀 흘리는 노동의 즐거움, 무에서 유를 창조하는 성취감, 그런 스스로에 대한 자긍심과 자신감이 집을 지으면서 덩달아 지어진다는 사실을. 사람이 집을 짓고, 결국 집이 사람을 짓는다는 진실을. 나는 작은 집 한 채에서 나의 마을과 나의 세상이 매일 시작되고 있음을 느낀다. 작은 집 한 채가 전 재산인 가난한 귀농인에게 집이야말로 큰 마을이자 온 세상이기 때문이다.

먹고살 일 구하기

마을에서 먹고사는 생활의 기술부터

문학청년 행세를 하던 젊은 날, 어느 유명시인에게 "시인이 대체 직업이 될 수 있느냐"고 대놓고 물어본 적이 있다. 음풍농월하는 시 따위가 살아가는 데 무슨 쓸모가 있느냐는 일종의 버르장머리 없는 도발이었다. 물론 인사동 어느 골목 대폿집에서였으니 맨 정신은 아니었다. 당시 회사의 월급쟁이로 전업근무하던 그 서정적 시인의 답은 불안한 예감대로 만족스럽지 않았다.

"내가 시인이라서 이런 회사에서 홍보 일도 맡아 할 수 있는 것이니, 그렇다면 시인이 곧 직업이라 할 수도 있지 않겠나."

그러나 내 귀에 그 말은 곧 시만 써서는 도저히 먹고살 수 없으니 시인은 결코 직업이 될 수 없다는 고백으로 들렸다. 시만 써서도 먹고살 수 있는 아름다운 세상을 꿈꾸던 순진한 나는 실망했다. 이후 즐기던 시 습작 노동을 태업에 가까울 정도로 게을리하게 되었다. 그리고 학교를 졸업하고 주변 사람들처럼 회사의 부속품 또는 자본의 노예 신세를 자처했다. 우울한 선택이었으나 먹고살려면 다른 도리가 없었다.

　먹고살기 위해서 시인이 아닌 이런저런 월급쟁이로 도시의 밥벌이를 감당하던 내가, 귀농해서 열 번이 넘게 이사를 감행한 이유는 단 한 가지다. 마을에서 먹고살기 위해서. 농사를 지어서 먹고살 수 없다는 사실을 깨닫자, 농부가 직업이 되기 어려운 현실의 벽이 내 앞에 가로놓였다. 농업회사 관리자, 유령작가, 생태마을 막일꾼, 농촌·귀농컨설턴트, 마을연구원, 마을선생 등으로 먹고사는 일을 좇아 정처 없이 이곳저곳 떠돌았다. 먹고살 만한 밥벌이를 구하지 못해 어머니 품 같은 고향을 다시 등져야 할 때는 안타깝고 절망스러웠다. 그토록 소망하던 순정한 농부의 꿈, 농사짓는 시인의 꿈은 점점 비현실적인 과대망상이 되고 말았다. 그때마다 나는 시인이나 농부 같은 따뜻하고 아름다운 노동으로는 도저히 먹고살수 없는 이 험한 세상, 이 비루한 나라의 천박한 구조악과 사악한 부조리를 원망하고 비판했다. 하지만 대안 없이 남의 탓만 하는 것은 염치없고 부질없는 짓이라는 소신 때문에, 결국 못난 스스로에게 자책과 원망을 온통 쏟아부을 수밖에 없었다.

　"바보같이, 그동안 대체 뭘 하고 산 거야. 먹고살 만한 생활의 기술 하나 변변히 배워두지 않고……."

지역에서 먹고살려면 생활의 기술부터

　그러나 거듭 생각해보면, 먹고사는 문제가 오로지 개인의 무능력이나 게으름 때문은 아닐 것이다. 스스로 그렇게 위로한다. 저마다 물고 나온 숟가락의 저주를 무시할 수 없다. 복불복 운명의 탓이지 내 잘못은 아니다. 하지만 좀 더 생각하면 운명보다는 사회가 더 문제라는 통찰이 생긴다. 태어나서 성장하고 교육을 받는 과정의 후천적, 사회적 환경이 더 크게 영향을 끼친다는 합리적 의심이 드는 것이다. 믿었던 국가나 정부가 국민을 배신하고, 그리고 사회와 이웃이 개인을 타인처럼 홀대하고 무시해서 먹고사는 게 힘들다는 확신에 이르게 된다. 개인적으로도 먹고사는 일 앞에서는 조국도, 동지도 다 적대국이나 역적처럼 돌변하는 이기적이고 부도덕한 사람들을 많이 겪어봤다. 마음의 상처, 재산의 손실과 더불어 역시 믿을 건 나 자신밖에 없다는 뼈저린 교훈을 얻었다. 도시민의 생활이 힘들었던 가장 큰 이유가 바로 그것이었다.

2014년까지 4년간 귀농인구의 증가세는 약 4.26배로 폭증했다. 2014년 한 해에만 4만5천여 가구가 귀농하거나 귀촌을 했다. 도시와 직장에서 제 소임과 효용을 다하고 잉여인력으로 전락하고 있는 베이비부머만 700만 명이 줄을 서 있다. 그래서 이 나라의 국민으로서 도시의 급여노동자나 영세자영업자로 사는 동안 나처럼 미처 마을에서 먹고사는 생활의 기술을 제대로 배우지 못했을 귀농인들의 행렬을 목격할 때마다 한숨부터 나온다.

대다수의 귀농인들은 여전히 지역으로, 농촌으로 내려갈 준비만 일단 부조건 하고 있다. 과연 지역주민으로, 농촌주민으로 지속가능하게 생활하고 정착할 준비는 얼마나 구체적으로 하고 있는지 걱정이다. 귀농을 준비하는 도시의 난민들은 대개 지역에서 먹고사는 생활의 기술을 배운 적이 거의 없을 게 틀림없다. 도시에서 난민으로 사는 동안 각급 학교에서 시험을 잘 보는 기술이나 친구를 이기고 나만 살아남는 기술만 집중해서 배웠을 것이다. 각종 학원에서는 취직해서 월급을 받는 기술이나 회사의 부속품과 자본의 노예로 참고 버티는 기술만 열심히 익혔을 것이다. 모두 마을에서 먹고사는 데에는 아무짝에도 쓸모가 없는 거짓된 가짜 기술들이다.

국립 지역사회 생활기술 직업전문학교부터 세우자

농촌과 지역의 원주민들은 더 말할 나위도 없다. 농사짓는 기술 말고, 살면서 지역공동체를 함께 꾸리고 사회적경제를 경영하는 기술은 배운 적이 없다. 그저 공무원이 시키는 대로, 전문가가 하라는 대로 말귀를 잘 알아듣는 기술, 제출 서류를 잘 챙기는 기능 정도만 겨우 습득했을 뿐이다. 마을과 지역의 주인이자 공동체사업의 주체가 되는 지역사회 경영 및 생활의 기술은 아무도 가르쳐주지 않고, 스스로도 공부한 적도 없다. 그래서 이른바 농촌마을의 이런저런 사업 판마다 부정과 비리와 실패와 시행착오의 악순환이 되풀이되고 있는 것이다. 사람의 잘못이 아니라 구조의 잘못이다. 그래서 귀농인이나 원주민이나 지역에서 나도 먹고살고, 남과 이웃도 먹여 살릴 수 있는 직업적 생활기술부터 다시 배울 필요가 있다. 농사짓는 법은 물론, 집짓는 법, 음식 조리하는 법, 옷 만드는 법, 가구를 짜는 법, 에너지를 자립하는 법, 술을 빚는 법, 장사하는 법, 책을 쓰는 법, 그림을 그리는 법, 아이들을 돌보고 가르치는 법, 노인과 장애인을 보살피는 법, 마을공동체와 사회적경제를 연구하는 법 등을 가르치고 배우면 마을공동체를 복원하고 지역사회를 재생하는 데 요긴하게 쓰일 것이다.

그렇게 되면 귀농인들은 저마다 익힌 생활의 기술을 직업으로 삼을 수 있다. 그 직업을 발판으로 안정되고 지속가능한 가계를 마을에서도 얼마든지 꾸릴 수 있다. 무엇보다 도시민들의 발목을 잡고 있는 지역에서 먹고사는 두려움과 불안감으로 인한 공황장애가 근본적으로 치유되고 해소될 수 있다. '지역사회 생활기술 직업전문학교' 같은 곳에서 체계적으로 생활의 기술을 익히면서 유능한 지역사회 전문가로 훈련을 받는 동안 깨끗이 사라질 것이다. 마을에서 먹고살 만한 자신감과 희망이 저절로 생길 것이다. 이때 국가

그림5. 마을에서 생활할 수 있는 사람을 키우는 봉화 비나리마을 '마을학교'

와 정부 그리고 사회는 귀농인의 행복권과 생존권을 위해 헌법과 각종 법률에 부여된 책무를 다해야 한다. 각 광역 및 기초 지자체는 부지, 건축물 등의 하드웨어는 물론, 교육프로그램 및 인력과 운영비 등 소프트웨어와 관련된 예산을 책임지는 게 합리적이고 효과적일 것이다. 이 학교에서 1~2년 동안 배운 청장년 학생들은 말 그대로 마을에서 능히 먹고살 수 있는 지역사회 전문가 및 생활기술자로 거듭날 수 있다. 적어도 먹고사는 문제만큼은 주체적으로 해결할 수 있다.

마을형 일자리 구인·구직센터를 지역마다 열자

무엇보다 생활의 기술이 절실한 이유는 생각만큼 농사기술이 만만치 않기 때문이다. 아무나 농사를 지을 수는 없다. 귀농해서 다 내려놓고 그저 가난한 농부로 살고자 모질게 마음을 먹었어도 소용없다. 결국 먹고사는 일이라는 벽 앞에서 귀농 의지가 주저앉는 경우가 많다. 충분한 자본과 탁월한 농사기술이 없는 평균적 또는 일반적 귀농인은 농사만 지어서는 먹고살기 어렵다. 감정이나 기분에 기대는 게 아니다. 국가의 통계가 엄연히 이를 실증한다. 우리 농가의 농업소득은 평균 1천만 원 정도다. 현실은 더 참담하다. 60%의 농민은 그만큼도 못 번다. 대다수 귀농인들은 그 절반도 못 벌 것이다. 전체 소득 가운데 농업소득이 절반도 되지 않는 이른바 농민인 듯 농민 아닌 농민 같은 농민이 10명 가운데 7명에 달한다. 소득의 최소한 절반 이상을 농업에서 얻어야 농민으로 공인받는 독일의 기준대로라면 우리나라의 실제 농민은 275만 명의 30%, 즉 80만 명밖에 안 되는 셈이다. 농가소득 구조도 열악하다. 농업소득은 30%도 채 되지 않고, 농업총수입에서 농업경영비를 뺀 농업순소득도 32%에 그친다. 그나마 농민 자신의 노동력은 인건비에 포함시키지도 않았다. 몸으로 때워 농사를 짓는다

그림6. 마을의 할매는 화가로, 할배는 목수로 키우는 홍성 반교마을

해도 자꾸 손해와 부채만 늘어난다. 농정당국의 선동적 구호처럼 돈 되는 농업은커녕 농사는 먹고살 만한 직업도 안 되는 것이다.

그래서 평생 농사를 지은 농사박사, 농사기술자인 원주민들도 어려워하는 농사일 말고도 귀농해서 먹고살 만한 여러 가지 일자리를 지역에, 농촌에 많이 만들어야 한다. 차라리 귀농인들이 도시에서 경험하고 체득한 다양한 업무와 특기를 재활용할 수 있도록 농촌에 다양한 직종과 직장을 만들고, 취업의 문호와 기회도 더 확장해야 한다. 가령 '마을형 일자리 구인·구직센터' 같은 중간지원조직을 지역마다 만들고 그 책무를 맡도록 해야 한다.

서울시 등 도시의 지자체가 먼저 나서야

그러나 문제는 돈도, 사람도, 추진력도 없는 지방정부인 농촌지역의 지자체로는 역부족이라는 데 있다. 도농교류, 도농상생 차원에서 기획력과 정책실행력이 더 강한 서울시 등 도시지역의 정부가 먼저 나설 필요가 있다. 사람이 너무 많이 살아 생기는 도시의 문제는 도시라는 '닫힌 계' 안에서는 결코 풀리지 않는다. 사람이 너무 없어 생기는 농촌의 문제를 먼저, 함께 풀어야 비로소 도시의 문제도 해결할 수 있다. 국가 전체의 문제를 해결할 실마리를 만들 수 있다.

서울시의 도시농업교류 일자리 사업인 '이음' 같은 사례는 바람직하다. 서울인생이모작지원센터에서 5060세대를 위해, 농촌에는 건강한 일손을 지원하고 도시의 이모작 세대에게는 새로운 인생을 설계할 수 있도록 돕는 프로젝트다. 구체적으로 농촌의 일자리를 알선하고, 농촌의 일터를 찾는 5060세대에게 숙박 및 출퇴근 거점 공간인 도시농민경제하우스 '유목민의 집'을 제공한다. 농업 경작과 축산, 화훼 등 다양한 분야의 농촌일자리와 귀농에 관심 있는 서울시민이면 누구나 무료로 참여할 수 있다.

지자체와 민간의 협력사업으로, 2014년 개소한 구례 자연드림파크의 일자리 창출 사례는 단연 주목할 만하다. 아이쿱 생협에서 조성한 국내 최초의 친환경유기식품 클러스터인 이곳에는 400여 명의 직원들이 일하고 있다. 이 가운데 250여 명은 구례 현지주민을 채용했다. 10%의 직원이 외국에서 구례로 시집을 온 결혼이주여성이다. 직원들의 평균연령은 37세 정도이고, 모두 정규직으로 정부의 최저임금보다 25%가량 더 많은 생활임금을 지급하고 있다. 수익금을 재원으로 구례읍 보건소에 산부인과 의사를 고용하도록 지원하고 있고, 앞으로 청소년수련원도 세울 계획이다. 귀농인들이 모여 살 공동체마을도 따로 만들고 있다. 이렇게 먹고살 만한 일자리가 창출되는 구례에는 청년들이 안심하고 돌아오고 있다. 이제 고향을 떠나지 않아도 얼마든지 먹고살 수 있기 때문이다. 이건 구례만의 문제나 해법이 아니다.

둘.
마을에 들어갈 계획

마을시민(Commune Citizen)이란, 어설픈 낫과 호미보다 저마다 도시의 소시민으로 용케 버티면서 챙겨둔 생활의 농기구를 꺼내든 귀농인 또는 농촌 주민을 말한다. 치열한 도시의 직업전선에서 갈고닦은 경험과 기술, 노하우, 지식정보 같은 빛나는 무형자산을 생활의 기술로 삼는 것이다. 이때 농사를 겸업할 수도 있고, 아예 농사를 작파하고 농촌형 직업에 따라 종사할 수도 있다. 무엇보다 마을시민은 왜 마을에 내려왔는지, 어떻게, 무엇을 하며 지역에서 살아갈지 충분한 주체성과 목적의식을 갖춘 사람을 뜻한다. 도시민의 그 시민이 아니라, 시민혁명의 그 '시민'에 가깝다.

자아를 구현할 인생구상

그럼, 귀농을 하지 말라는 말인가

나는 귀농학교에서 강의를 하면 좋은 이야기, 듣기 좋은 이야기만 하지 않는다. 귀농의 진실을 제대로 말하려면 좋은 이야기만 할 수 없다. 거짓말을 할 수는 없기 때문이다. 예비귀농인들이 듣고 싶어 하는 "귀농인도 억대 부자 농부가 될 수 있다. 마을에 살면 자유롭고 평화롭고 행복하다"는 식의 덕담 전파는 어차피 정부에서 충실히 수행하고 있다. 그래서 나는 정부가 미처 하지 못하는 부분을 채우는 악역을 자임하는 편이다. "귀농은 출구나 숨통이 아닐 수도 있고, 마을은 해방구가 아닐 수 있다"고 대놓고 고백하고 고발한다. "귀농과 마을을 부디 주의하고 조심하라"는 거듭된 당부의 말로 강의의 결론을 내리곤 한다.

물론 대부분의 예비귀농인들은 그런 이야기를 듣기 좋아하지 않는다. 어쩌면 진실을 굳이 마주하고 싶지 않기 때문인지도 모른다. 비록 거짓말일지언정, 일부 소수에게만 해당되는 고도로 기획된 특별한 성공사례일지언정,

긍정적이고 희망찬 이야기만 듣고 싶어 한다. 그런 고달폰 민생고 이야기는 도시에 살 때 충분히, 지겹게 겪고 들었기 때문이다. 그런 현실을 벗어나려고 귀농하려는 것이기 때문이다.

1000만 원으로 먹고살 수 있겠는가

언젠가 순창의 귀농학교에서도 변함없이 그런 비판적 귀농의 태도와 입장을 드러내고 말았다. 이곳은 미국과 캐나다 등지에서 일부러 귀농을 공부하러 순창까지 날아온 재외교포부터 이미 어느 마을의 월급쟁이 귀농인으로 생활하는 예비신혼부부까지 십 몇 명의 예비귀농인들이 한 달 이상 합숙하며 귀농훈련을 하고 있는 진지하고 치열한 곳이었다. 그토록 귀농을 갈구하고 열망하며 마을로 내려갈 날을 철저히 준비하고 각오한 이들 앞에서 한나절 내내, 장장 7시간 동안 귀농의 진실 또는 실상을 비판적으로, 그러나 나름 조심스럽게 이야기했다.

"그렇다면, 귀농을 하지 말라는 말인가?"

어김없이 한 수강생이 손을 들고 항의 같은 질문을 했다. 자꾸 귀농은 힘들고 농촌에서 농사를 지어서든, 품을 팔아서든 먹고살기 고달프다고 하니 귀농을 할 자신이 없어진다는 것이다. 나는 순간 마음이 약해졌으나 거짓말을 할 수는 없어서 굴하지 않고 계속 사실을 대답하기로 했다. 다만 이번에는 내 말이나 주관 대신 국가가 발표한 객관적 통계로 실증적인 자료를 제시했다.

"우리 농가의 연평균 농업소득은 1000만 원 정도입니다. 그것도 농부의 인건비는 감안하지 않은 허수입니다. 농사를 지으면 지을수록 손해를 보는 이상한 구조이죠. 농부 10명 가운데 6명은 그것도 못 번다고 합니다. 그런데 농가소득은 3500만 원 정도라고 정부 통계는 말합니다. 그렇다면 귀농해서 소망하던 농부가 되어 농사에 전념하고 싶어도 2500만 원쯤 되는 농외소득은 따로 벌어야 합니다. 농업이 아닌 2차 농식품가공업을 하든, 3차 농촌관광업을 하든, 아예 막노동이나 생계형 아르바이트로 품을 팔든 각자 알아서 벌어야 합니다. 정교한 귀농사업계획 또는 가계경영계획을 세워야 한다는 말입니다. 물론 농사지어서 버는 1000만 원으로도 얼마든지 살아갈 수 있다면 걱정할 필요가 없지만 말입니다."

그리고 지난 15년여의 귀농선배로서 직접 경험한 일과 복잡미묘한 소회를 담아 한마디 더 보탰다.

"그런데 왜 귀농을 하려고 하지요? 스스로 다시 물어보고 확인하실 필요가……. 굳이 어렵고 힘든 귀농을 결행해야 하는 충분한 명분과 명확한 이유를 찾는 게 중요합니다. 불행히도 아무리 생각해도 아직 스스로를 이해시키고 설득시킬 자신이 없다면 귀농을 다시 생각해야 하지 않을까요?"

귀농인에서 마을시민으로 1차 진화를

그 장년의 예비귀농인은 이미 귀농을 결심한 것으로 보였다. 그만큼 불안하고 애절하게 던진 그 질문은 15년차 귀농인인 나에게도 자극이 되기에 충분했다. 그렇다면 나는 지금 괜찮은가? 마을에서 귀농인으로, 또는 마을사람으로 잘 살고 있는가? 지난 귀농 여정을 돌이켜보고 앞으로의 전망을 새삼 재정비하게 만들었다. 2002년 봄, 마흔 살의 나로 되돌아갔다.

마흔에 나는 제정신이 들었다. 도시에서는 더 할 일도, 하고 싶은 일도 없는 상태라는 진단을 내리고 봄바람처럼 마을로 떠났다. 열 번이 넘는 이사를 감행하며 전국을 떠돌았으나 안정된 일터, 안전한 정처는 따로 없었다. 그래도 어떻게든 마을에서 살아남으려고, 도시로 다시 돌아가지 않으려고 기를 썼다. 어쩌다 보니 지금은 주로 마을에서 먹고사는 법을 연구하면서 먹고산다. 먹고사는 일을 십수 년 내내 걱정하고 고민하다 보니 그게 어느새 일이 되어버렸다. 사회적경제의 힘으로 인간적이고 지속가능하게 진화하는 마을공동체와 농촌사회의 모델과 대안을 탐구하는 짓이다. 돈도 되지 않고 폼도 나지 않는 일이지만, 어쨌든 남을 속이거나 세상에 부끄럽지는 않을 일이다. 최소한 죄는 짓지 않는 일이다.

그사이 나는 귀농인에서 마을시민으로, 다시 마을시민에서 마을주의자로 진화했다. 귀농인이란 왜 귀농을 했는지, 뭘 해서 먹고살아야 할지 여전히 고민하고 갈등하는 귀농 초기를 말한다. 그 단계를 잘 버티고 나면 이제 왜 귀농을 했는지, 뭘 해서 먹고살아야 좋을지 정도는 스스로 자각하고 자족할 수 있는 마을시민의 상태가 된다. 농사를 짓든 짓지 않든 농촌마을의 주민, 지역사회의 구성원으로 어느 정도 먹고살 자신감이 생긴 귀농 적응기에 해당한다.

마을시민에서 마을주의자로 2차 진보를

그리고 나만 생각하며 먹고사는 일에 매달리던 마을시민은 시간이 흐를수록 먹고사는 걱정이 점점 줄어든다. 점점 가벼워지고 자유로워진다. 먹고사는 일 말고 다른 일, 남의 일에도 기꺼이 마음을 내줄 여유와 여력이 생기게 된다. 시나브로 '마을주의자'의 경지에 이르게 된다. 왜 귀농을 해야 하는지

남에게 충분히 설명하고 설득할 수 있고, 나와 내 가족만 챙기지 않고 남과 더불어 협동하고 연대할 수 있는 이타적이고 사회경제적인 몸과 마음이 준비된 '진실된 귀농'의 경지에 오르게 되는 것이다. 이쯤 되면 귀농인인지 원주민인지 겉으로는 쉽게 구별되지 않는다. 수행귀농, 도사귀농, 탄광귀농, 심지어 도피귀농이나 자폐귀농이라는 자조적인 탄식이 난무하는 귀농 현장에서 마을주의자는 성공적 모델이나 지표로 삼을 만하다. 국가와 정부, 자본주의와 정치경제학의 구조악이 함축된 도시생활의 유혹과 미련에 휘둘리지 않는 단단한 농촌 주민의 단계에 접어든 사람이다.

마을주의자들은 마을 속으로 뛰어들어 마을사람들과 더불어 부대끼며 생활한다. 때로 마을을 먹여 살리는 마을기업을 앞장서서 세우고 꾸린다. 사람 사는 대안마을을 일구면서 더불어 함께 사는 게 꿈이다. 그렇게 '오래된 미래마을의 마을시민'으로 살아가는 길이 상책이자 정도라고 확신하고 행동한다. 머리는 도덕적이고 진보적이다. 마음은 정의롭고 양심적이다. 말과 글은 용기 있고 슬기롭다. 행동은 이타적이고 공동체적이다. 세상을 좀 더 사람이 살 만한 곳으로 바꾸려는 사회혁신적인 참사람이다. 나의 전작 『마을 전문가가 만난 24인의 마을주의자』에서 그 참사람들의 진면목을 확인할 수 있다.

가계를 경영할 생업계획

제2의 인생은 삶과 하나 되는 일만

농사는 고되다. 농업은 다른 산업이나 사업에 비해 결코 간단하지도 만만하지도 않다. 구조적으로 부가가치가 높지 않고 수익성도 좋지 않다. 누군가 "농사를 지어서도 얼마든지 부자가 될 수 있다"고 한다면 과대망상증이나 허언증을 의심해야 한다. 그건 자본과 농지를 많이 소유한 일부 특정 대농이나 기업농에게만 해당되는 경우다. 또 누군가 "할 일 없으면 시골에 가서 농사나 짓지"라고 말한다면 그자는 무식하거나 무례한 사람이 틀림없다. 사실은 농사를 지을 마음이나 계획이 추호도 없는 거짓된 사람이다. 늙은 농부의 얼굴을 가만히 들여다본 적 있는가. 티벳 고원에서 오체투지를 하는 수행자의 얼굴과 크게 다르지 않다. 농사는 고행과 다르지 않다는 명백한 증거다.

그럼에도 많은 귀농인들은 용감하게도 농부가 되기를 꿈꾼다. 이제 도시를 벗어나면 머리는 그만 쓰고 몸으로만 정직하게 먹고살기를 갈망하고 염원한다. 생태적인 자립형 소농으로 사는 게 여생의 이상이다. 물론 농업으로는 돈을 벌 수 없다는 사실, 농사를 지어서는 도시보다 더 먹고살기 어려울 수 있다는 위험을 모르지 않는다. 하지만 자발적 가난도 기꺼이 각오하겠다는 마음가짐을 수시로 챙기고 다진다. 농사를 전업으로 삼는 생태귀농이야말로 진보적이고 도덕적인 선택이라는 게 이유다. 최소한 죄를 짓지는 않는 일이라는 것이다. 그래서 농부의 삶은 비로소 깨끗하고 아름답고 평화로운 인간적 삶이 될 수 있으리라는 기대가 큰 것이다.

하지만 귀농을 준비하면서 거듭 다지고 다진 굳은 맹세는 농촌의 생활이라는 현실 앞에서 자꾸 흐트러지거나 무너진다. 꿈꾸었던 실용적이고 지속가능한 삶은 좀처럼 보장되지 않는다. 처자식을 먹여 살려야 하는 가장으로서의 책무는 천근과 같다. 빚쟁이처럼, 귀농한 마을과 안방까지 어김없이 따라 붙는다. 먹고살기도 어려운데 불의에 맞서고 약자를 보살피는 인간의 품격이나 예의를 챙기기는 결코 쉽지 않다. 어쩌면 도시의 고달픈 비인간적 삶과 다를 게 하나도 없다는 불안감이 엄습할 때도 있다. 밤에 자리를 펴고 잠을 청할 때마다 자꾸 방정맞은 생각만 든다. "다시 도시로 돌아갈까?"

겸업농가, 반농반X, 그리고 마을시민

막상 귀농해서 농사를 지어보니 농사가 얼마나 어려운 일인지 알겠다. 농사 지어서 먹고살 자신이 자꾸 사라졌지만 도시의 난민으로 다시 돌아가기는 싫었다. 농촌에서 어떻게든 주민으로 살고 싶었다. 귀농한 이후 내내 나의 일상과 사고 전반을 지배한 핵심과제이자 간절한 욕구다. 그러다 어느 날 문득, '마을시민'이라는 개념을 떠올렸다. 발상의 전환을 했다.

여기서 마을시민(Commune Citizen)이란, 어설픈 낫과 호미보다 저마다 도시의 소시민으로 용케 버티면서 챙겨둔 생활의 농기구를 꺼내든 귀농인 또는 농촌 주민을 말한다. 치열한 도시의 직업전선에서 갈고닦은 경험과 기술, 노하우, 지식정보 같은 빛나는 무형자산을 생활의 기술로 삼는 것이다. 이때 농사를 겸업할 수도 있고, 아예 농사를 작파하고 농촌형 직업에 따로 종사할 수도 있다. 무엇보다 마을시민은 왜 마을에 내려왔는지, 어떻게, 무엇을 하며 지역에서 살아갈지 충분한 주체성과 목적의식을 갖춘 사람을 뜻한다. 도시민의 그 시민이 아니라, 시민혁명의 그 '시민'에 가깝다.

농사는 짓되 오로지 농사를 전업 삼아서 가계를 온전히 꾸릴 수 없을 때, 마을시민의 삶을 선택할 수도 있겠다는 깨달음과 희망을 얻었다. 어차피 우리 농촌에는 부업을 겸하는 겸업농가가 60%가 넘는다. 농가소득에서 농업소득이 절반도 안 되는 농민이 열에 일곱이다. 이와 같은 정부의 통계는 나 같은 평균 이하인 농촌 주민의 생각이나 처지가 크게 잘못되지 않았음을 뒷받침해준다. 심지어 독일을 비롯한 유럽의 농부들도 농사만 지어서는 먹고살기 어렵다고 한다. 그래서 유럽연합(EU) 농업예산의 70%나 되는 직불금으로 농부들의 생활비를 보전해준다. 훗날 일본 작가 시오미 나오키가 쓴 『반농반X의 삶』이란 책이 눈에 들어왔다. 그렇다면 일본 농촌의 생활도 한국과 크게 다를 게 없다는 말로 들렸다. 여기서 X의 의미는 시골생활을 뒷받침할 수 있는 여러 가지 대안적 삶의 방식을 뜻한다. 농사는 육체적 삶을 영위하기 위한 목적으로 반만 짓고, 나머지 반은 또 다른 가치를 창출한다는 것이다. 농사를 지으면서 자신이 가진 재능이나 문화가치를 바탕으로 행복한 삶을 영위하는 지혜로운 귀농의 생활방식이다.

한국 정부의 믿을 만한 겸업농가 통계, 선진 유럽의 농가소득 수준, 일본의 반농반X의 생활방식 등에 비추어보아도 마을시민은 대안이 될 수 있다. 일반적이고 평균적인 수준의 귀농인들에게 합리적이고 현명한 선택지가 될 수 있다. 스스로 가장 잘할 수 있고, 또 하고 싶어 하는 생활의 무기들만 잘 챙겨 짐을 꾸리면 마을시민으로 당당히 귀농할 수 있다. 예측가능하고 지속가능한 '생활귀농'의 경지가 비로소 가능하다. 나아가 지역공동체의 역량 있는 구성원으로, 외지인이나 주변인이 아닌 주체적인 마을시민으로 나설 수도 있다.

마을시민으로 먹고사는 법

무엇보다 농부들만 모여 사는 마을은 온전한 마을이라 할 수 없다. 그건 흡사 농촌이 아니라 농장의 풍경일 것이다. 재미도 활력도 없고, 무미건조하고 을씨년스런 비정한 공간처럼 느껴진다. 모름지기 마을이라면 농부는 물론, 농부의 자식을 가르칠 마을교사, 농부가 다치거나 아프면 고쳐줄 마을의사, 마을을 아름답게 가꾸는 마을예술가, 마을에서 잘 먹고 잘 사는 법을 개발하는 마을연구원, 마을의 역사와 이야기를 기록하고 들려주는 마을작가, 평화로운 마을을 지키는 마을성직자, 마을을 먹여 살리는 마을기업가, 마을을 닦고 조이고 기름칠하는 마을기술자, 시장과 가게를 풍성한 먹을거리와 생필품으로 채워줄 마을상인이 한 데

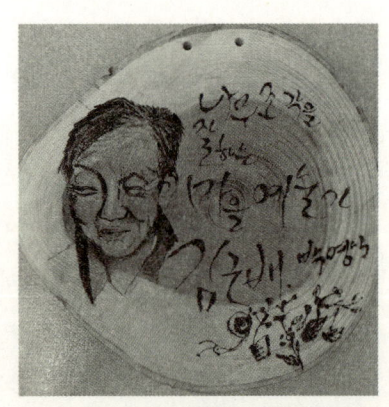

그림7. 수행하듯 농사도 짓고 마을도 아름답게 가꾸는 '농부 겸 마을예술가'

어우러져야 마땅하다. 그래야 마을은 공동체라 할 수 있고, 지역사회라 할 수 있다. 그래야 마을은 대동사회가 될 수 있고 우주가 될 수 있다.

마을시민의 유형을 구체적으로 분류하면 경제, 생태, 교육, 문화 등 다종다양한 분야의 다채로운 사업영역과 직업군을 얼마든지 창출할 수 있다. 물론 개중 농사를 짓는 농부가 농촌에서는 가장 중요한 직업으로 대접을 받아야 함은 두말할 필요가 없다. 농부는 국가의 식량주권을 지키는 공익요원과도 같은 성직이다. 그래서 비록 전업농부가 되지는 못하더라도, 제 식구 챙겨 먹일 반찬거리 정도의 작은 텃밭이나마 손에서 놓지 말아야 할 이유와 가치가 충분하다.

먹고살 일거리를 책임지는 경제 분야는 마을기업과 마을시장으로 대별할 수 있다. 마을기업은 다시 친환경농부가 일하는 마을농장과 농식품가공원으로 취직할 마을공장, 직거래 유통상으로 근무하는 마을가게, 그리고 도농교류 및 체험지도교사로 활동하는 마을공원으로 나뉜다. 마을시장은 유럽의 라이파이젠 협동조합 은행 같은 대안 금융기관인 마을은행, 스위스 미그로(MIGROS) 협동조합의 모태가 된 보따리 마을상인들이 모여서 여는 마을장터라는 형태로 마을에서 먹고살 만한 일자리를 만들 수 있다.

생태 분야에서는 신재생에너지, 생태건축 등 엔지니어들이 적정기술 모델을 개발하고 제품화하는 마을발전소, 마을을 인문과학적, 사회과학적, 자연과학적으로 연구하고 컨설팅하는 마을연구소 등의 마을 연구개발(R&D) 센터를 꾸릴 수 있다. 또 마을체험캠프에서는 마을캠프, 자연캠프 등의 체험지도교사, 청소년지도사 등이 많이 필요하다.

교육 분야는 마을학교와 마을학원으로 나눌 수 있다. 마을학교는 유소년에서 청소년까지의 어린이학교와 청년에서 노인까지의 어른학교로, 마을학원은 명상, 문학 등을 배우는 마음학원과 춤, 그림, 노래 등을 가르치는 몸학원으로 교과과정을 편성할 수 있다. 다양한 공부와 경험을 한 전문교사와 강사의 일자리를 얼마든지 만들 수 있다.

　문화 분야는 마을생활원에서는 마을펜션과 마을회관을 기반으로, 마을문화관에서는 마을도서관, 마을박물관 등의 마음문화관과 마을극장, 마을출판사 등을 바탕으로 한다. 사회복지사, 마을요리사 등 각 시설의 운영 및 관리자, 사서, 큐레이터, 공연예술인, 기자, 편집자 등 도시의 여느 직장에서처럼 일할 수 있는 일자리를 마련할 수 있다. 이 밖에 마을시민으로 마을에서 살아가는 수십 가지 방법은 전작 『마을시민으로 사는 법』에서 간접적으로 체험할 수 있다.

전공	과목		교육과정	진로
경제	마을기업	마을농장	친환경농산물 생산사업(1차)	친환경농부
		마을공장	고부가 농식품 가공사업(2차)	농식품가공원
		마을가게	로컬푸드 등 도농직거래 유통(3차)	직거래 유통상
		마을공원	도농교류 체험관광 사업(3차)	도농교류 관광가이드
	마을시장	마을은행	노동력매개 마을화폐(Lets) 발행 및 거래 →대안금융기관	대안금융기관 은행원
		마을장터	현물, 상품, 인력(품앗이) 시장	마을상인

전공	과목		교육과정	진로
생태	마을 R&D 센터	마을발전소	태양광, 열, 바이오매스, 풍력, 지열 등 신재생에너지 생산 및 활용	신재생에너지·적정 기술 엔지니어
		마을연구소	친환경농사, 생태건축, 농촌 R&D 등 농업 및 농촌지역 연구 및 활용	마을연구원, 마을컨설턴트
	마을체험캠프	마을캠프	마을체험, 농촌체험, 마을공동체생활체험, 마을역사문화체험 등	마을캠프 지도교사
		자연캠프	생태체험, 하천체험, 경관답사체험 등	자연캠프 지도교사
교육	마을학교	어린이학교	농산촌유학, 방과후학교 등 유소년~청소년 대상 대안교육 프로그램	전문교사
		어른학교	교사학교, 지역학교 등 성인대상 지도자교육 프로그램	전문교사
	마을학원	마음학원	마음공상(명상), 생각공간(문학) 등	전문강사
		몸학원	몸짓공간(춤), 손짓공간(공방, 그림), 소리짓공간(노래) 등	전문강사
문화	마을생활원	마을펜션	마을식당/Café, 게스트하우스 등	관리자
		마을회관	마을공동 편의시설 (빨래방, 찜질방, 목욕탕) 등	관리자
	마을문화관	마음문화관	마을도서관, 마을박물관, 마을갤러리 등	사서, 큐레이터
		몸문화관	마을공연장, 마을출판/신문사 등	공연예술인, 기자, 편집자

여가를 소일할 생활설계

4시간 일하고, 4시간 배우고, 4시간 놀고

설마 죽도록 돈을 벌려고, 죽어라 일만 하려고 귀농을 하는 사람이 있을까? 설마 열심히 일하면 농사만 지어도 귀농인도 억대 농부가 될 수 있다는 정부의 허언증이나 거짓말을 곧이곧대로 믿는 귀농인이 있을까? 만일 그런 귀농인이 있다면, 아마도 자본이 두둑한 기업농이거나 충분히 어리석은 얼치기 귀농인일 것이다. 대다수 귀농인은 귀농의 목적을 돈과 노동에 두고 있지 않으리라 믿는다.

미국의 경제학자 스콧 니어링과 헬렌 부부는 많은 귀농인의 사표이자 교범이라 할 수 있다. 니어링 부부는 이기주의, 부정부패, 타성과 무관심, 권태와 무미건조함으로 작동되는 도시의 자본주의, 그리고 모순과 무지, 편견과 분노, 증오와 배신으로 가득 찬 제국주의로부터 신념을 지키려고 자발적으로 하방했다. '미친 사회'라고 규정한 자본주의, 제국주의 사회의 대안으로 삼은 생태적 자치사회를 몸소 실천하려고 1932년 버몬트로 귀농했다.

니어링 부부처럼 조화롭고 단순한 삶을

니어링 부부는 먹고살기 위해서 하루 4시간만 육체노동을 했다. 그럼에도 적어도 절반 이상은 자급자족하겠다는 목표를 정했다. 나머지 4시간은 책을 읽거나 쓰는 지적 활동에, 4시간은 쉬거나 놀며 좋은 사람들과 어울리는 데 시간을 안분했다. 그렇게 일명 4:4:4 원칙을 지키면서 매일 자연과 하나 되는 조화롭고 단순한 삶(Good Life)을 살았다. 100세가 될 때까지 그 원칙과 철학을 한순간도 놓지 않았다. 특히 스콧 니어링은 마지막에는 스스로 곡기를 끊고 웰다잉(well-dieing)으로 삶을 마무리한다.

그런 니어링 부부가 마을에서 사람들과 서로 도우며 생활하는 동안 고수한 생활수칙이 있다. 간소하고 질서 있는 생활을 할 것, 미리 계획을 세울 것, 일관성을 유지할 것, 꼭 필요하지 않은 일은 멀리할 것, 되도록 마음이 흐트러지지 않도록 할 것, 매일 자연과 사람 사이의 가치 있는 만남을 이루어 갈 것, 노동으로 생계대책을 세울 것, 쓰고 강연하고 가르칠 것, 원초적이고 우주적인 힘에 대한 이해를 넓힐 것, 계속해서 배우고 익혀 점차 통일되고 원만하며 균형 잡힌 인격제를 완성할 것 등이다. 그렇게 마치 수행자처럼 생활하다 보니 마침내 4가지 해악에서 벗어날 수 있었다고 한다. 돈을 비롯한 물질에 대한 탐욕에 물든 인간을 괴롭히는 권력, 다른 사람보다 출세하고 싶은 충동과 관련된 조급함과 시끄러움, 부와 권력을 차지하기 위한 투쟁에 수반되는 근심과 두려움, 그리고 많은 사람이 좁은 지역으로 몰려드는 데서 생기는 복잡함과 혼란으로부터 비로소 해방된 것이다.

삶과 놀이를 향유하려면 마을로

오늘날, 니어링 부부가 조화롭고 단순하게 살 수 없었던 도시에서도 마을 만들기 또는 마을공동체 활동이 열심이다. 하지만 도시에는 마을이라는 말이 잘 어울리지 않는다. 그곳은 앞에서 살펴보았듯이 그냥 동네라고 부르는 게 더 타당할 것이다. 생활보다 늘 생업이 우선이라서 그렇다. 그래서 마을은 도시가 아니라 주로 시골에서 사람들이 모여 사는 곳이라고 사전에서도 정의하고 있다.

모름지기 '마을'이려면 최소한 삶(생활)과 일(생업)이 하나의 시공간에서 이루어질 필요가 있다. 거기에 쉼(휴식)과 놀이(문화)까지 보태 누릴 수 있다면 금상첨화일 것이다. 니어링 부부가 누리고 살았던 굿 라이프(Good Life)의 경지에 이를 수 있을 것이다. 그러나 아무래도 '먹고살기 위해 기획되고 건설된 생업의 각축장'인 도시의 동네에서는 먹고사는 생업에 매달리느라 앞만 보고 살아가게 된다. 니어링 부부처럼 4시간 일하고 4시간 배우고 4시간 놀려고 해도 자꾸 삶과 일이 떨어지고, 삶이 일에 치여 상처를 입는다. 하루 12시간 이상 일해야 하는 일터도 적지 않다. 먹고사는 일 때문에 사람답게 사는 삶은 뒷전으로 밀린다.

하지만 도시에 대한 욕심과 미련을 내려놓고 하방하면 삶의 장면과 풍경이 달라진다. 시골의 마을에서는 일을 하다가도 잠시 멈추어 뒤도 돌아보고 옆을 살펴볼 여유도 생긴다. 굳이 앞만 쳐다보고 내달리거나 쫓길 필요가 없다. 삶과 일이 서로 하나 되고, 여기에 쉼과 놀이가 보태지는 기회와 계기가 많다. 비로소 사람이 사람답게 살아가기에 적합한 시공간이 눈앞에 펼쳐진다. 마침내 니어링 부부가 살던 마을에서처럼 자연과 하나 되는 조화로운 마을사람으로 살게 된다.

마을의 일상을 바꾸는 문화원, 도서관, 박물관, 갤러리, 카페, 시장

그런데 마을에서는 너무 진지하고 엄숙하게 생활현장에 나서면 좀 어색하고 불편하다. 도시에서 하던 식으로 일을 벌이면 안 된다. 마을에 내려와서까지 "나 좀 살았네, 한때 좀 놀아봤네" 하며 완장을 차고 허세를 부리는 건 몹시 우스꽝스러운 짓이다. 유치하고 경박하게 보인다. 기존 제도가 정해놓은 규격이나 자격, 등급이나 경력 따위는 별 소용도 없고 폼도 나지 않는 곳이 마을이라는 삶의 현장이다. 누구나 판을 벌일 수 있고, 누구나 함께 어울릴 수 있는 일상적이고 평범하고 소박한 생활공간이 곧 마을공동체라야 한다. 그러니 너무 서정적이거나 너무 서사적일 필요도 없다. 결코 있는 척, 아는 척, 잘난 척하지 말아야 한다.

특히 마을에서 살아가는 데 문화를 빼놓고는 이야기할 수 없다. 경제문제도 중요하지만 문화적인 자원과 요소를 빼놓고 마을의 생활을 정의하거나 규정할 수 없다. 문화가 없는 마을은 무미건조하다. 생활이 무의미해진다. 삶과 일과 놀이가 완전무결하게 합체되는 문화 영역과 예술 공간이 곧 마을이라야 한다. 사람은 밥이나 빵만으로 잘 살 수 없다. 사람이 살기 좋은 마을이란 문화적인 마을과 다르지 않다. 결국 먹고사는 고달픔을 달래는 묘약도 화폐가 아니라 문화라고 믿는다. 더욱이 마을 밖으로 나가 다른 마을의 주민들과 지역사회의 광장에서 어울리자면 문화 말고 더 좋은 연결고리가 없다. 문화의 연결고리 없이 지역사회의 공동체는 유지되거나 지속가능할 수 없다. 그래서 그런지, 홍성, 진안, 남원, 상주 등 귀농인들이 많이 모이는 지역마다 원주민들이 한데 어울릴 수 있는 문화원, 도서관, 광장, 시장, 카페 등이 속속 출현하고 있다.

무엇보다 지역의 문화원, 도서관은 또 하나의 학교 구실을 한다. 지역주민들이 서로 가르치고 배우는 생산과 창조와 깨달음의 장이 수시로 펼쳐진다. 마을과 지역의 역사, 문화, 예술, 인간 유물 및 기억과 교감하고 소통할 수 있는 마을박물관도 죽은 공간에 머무르지 않는다. 마을의 오래된 생활소품을 진열해놓은 진안 학선리 마을박물관에 가서 지난날 마을가게의 외상장부를 한번 열람해보라. 마을이, 마을공동체가 박물관에 버젓이 살아 있음을 확인하고 느낄 수 있다. 또 영화, 음악, 미술, 문학 학교, 그리고 공연과 전시를 아우르는 무주의 서창갤러리 같은 마을갤러리, 생활문화의 복합공간인 장수 번암면의 느티나무, 남원 산내의 토닥, 제천 덕산면 누리마을빵카페 같은 마을카페, 그리고 정부의 지원을 받아 작은 마을극장도 속속 들어서고 있다. 온라인과 오프라인을 넘나들며 마을사, 마을소식지 등을 펴내고 알리는 마을출판사와 마을신문사 등의 활약도 눈에 띈다. 모두 문화예술을 바탕으로 건강하고 활기찬 지역사회의 생활공동체를 이루고 있는 보석 같은 마을공동체와 지역사회의 자산이자 사회적자본(Social Capital)이다.

심신을 휴양할 주거디자인

마을이 온통 내 집이다

저 푸른 초원 위에 지어진 조용하고 평화롭고 단아한 카페 같은 나의 집은 많은 귀농인의 로망이자 버킷리스트일 것이다. 귀농인에게는 농지, 일자리 같은 생업의 수단만큼 중요한 게 생활의 터전인 주택이다. 그런데 마을이란 말 자체가 주로 시골에서 여러 집이 한데 모여 사는 곳이란 사전적 의미를 품고 있으니, 시골에서는 마을이 곧 집이고 집이 곧 마을인 셈이다.

귀농해서 마을로 들어가면 그 말이 실감이 된다. 마을에 모여 사는 주민들이 모두 한집안 식구처럼 행동한다. 마을 속이 아니라 누구의 집에 들어간 기분이 된다. 집과 집 사이에는 도시처럼 뚜렷한 경계나 서로를 가르고 막는 벽이 성립하지 않는다. 농촌마을의 집이란 도시의 아파트나 오피스텔처럼 외부와 차단된 은폐 및 엄폐용 기능과 가치는 무의미하거나 무용지물에 가깝다. 마치 한집안 식구들처럼 마을에서 공동체의 구성원으로 부대끼며 살아가기에 그런 경계와 벽이 쓸모없다.

굴러다니는 돌로 돌집을 지은 니어링 부부처럼

그래서 농촌마을에서 살 집을 설계할 때는 집이 딛고 있는 땅, 집을 둘러싼 주변환경, 더불어 살아가고 있는 이웃 등을 종합적으로 고려해야 한다. 도시에서처럼 집 안에만 틀어박혀 혼자서만 잘 먹고 잘 살면 아무 재미가 없기 때문이다. 그런 사람은 이상한 이방인이나 유령으로 취급받을 수 있다. 명심해야 한다. 농촌의 마을에서는 내 집과 네 집, 마을과 집이 따로 분리되지 않는다는 사실을, 마을이 집이고 집이 곧 마을이라는 사실을 말이다.

특히 생태마을에서 살고 싶다면 집을 어떤 방식과 공법을 통해 생태적으로, 공동체적으로 설계하고 디자인할지를 깊이 고민해야 한다. 생태건축이야말로 생태마을을 이루는 필수조건이고 핵심기술이기 때문이다. 마을

그림8. 생태화장실, 공동식당 등을 공유하는 보은 선애빌 생태공동체마을

주변에 굴러다니는 돌로 집을 지었던 니어링 부부처럼 당연히 친환경 재료로 건축하고 재활용 에너지 자원을 활용해야 한다. 무엇보다 집이 딛고 있는 땅과 그를 둘러싼 지역의 생태계를 훼손하거나 해악을 끼치지 말아야 한다. 함께 사는 마을주민들과 건강하고 창조적인 인간성을 충분히 나눌 수 있도록 공동의 공간, 그리고 휴식을 위한 개인의 공간을 균형 있게 보장해야 한다.

그런 생태마을의 교범과 사례는 우리나라의 전통주택이나 오래된 마을에서 흔히 찾아볼 수 있다. 애초부터 다분히 생태적인 조건들을 갖추어 설계되었다. 마루와 온돌 등 기후에 적합한 건축양식, 볏짚과 황토흙 등 생태적인 건축재료를 사용하는 건 기본이다. 남향의 건물배치 등 에너지의 손실 방지 및 보존, 재래식 화장실, 수질정화용 미나리밭 등 물질순환도 필수적이다. 나아가 풍수지리 등 생태계와 공존하는 자연관 등을 염두에 두며 집을 짓고 마을을 만들었다. 사람도, 집도 지금처럼 자본의 도구나 상품이 아니라 그저 자연의 일부였을 뿐이다.

마을에서 한 달만 미리 살아보고서

그런데 막상 귀농하려고 발품을 팔며 마을마다 돌아다녀도 빈집은 많은데 정작 들어가 살 만한 '살아 있는 집'은 많지 않다. 멀쩡한 빈집은 거의 없다. 폐가나 흉가로 변한 지 이미 오래되어 회복 불능의 상태인 집이 대부분이다. 요행히 상태가 괜찮은 집을 만나면 야속하게도 집주인이 붙들고 놓지 않는 경우가 흔하다. 심지어 집값을 높여 받으려는 속셈이 아닌가 오해하기도 한다. 그렇다고 한 치 앞을 편히 내다볼 수 없는 귀농인의 처지에서 무조건 집을 충동구매하는 건 위험하다. 아예 새로 집을 짓는 건 대담한 결심과 정무적(?) 판단마저 요구된다. 용기 있는 행동일 수는 있으나 결코 현명하고 지혜로운 방법은 아니라는 생각이다. 그래서 내가 예전에 살았던 무주 초리 넝쿨 마을에서는 '무주, 한 달 마을살이 프로젝트'를 시도했다. 농림부 녹색농촌 체험마을 사업비를 지원받아 건축한 뒷산의 마을펜션 세 동이 비어 있는 날이 많아 그냥 놀리기 아까워, 일종의 귀농인의 집이나 문화예술 레지던시로 활용하면 더 의미가 있지 않겠는가 생각했다. 마침 '백세인생'이란 노래로 주가를 올리고 있는 가수 이애란 씨도 행사를 오가며 묵어가는 숙소로 이용하기도 했다. 전라도, 경상도, 충청도 3도가 만나는 무주의 지리학적, 지정학적 특성 때문에 전국을 돌아다니기에 최적지라는 게 이유였다.

정부에서는 따로 '귀농인의 집' 사업을 시행하고 있다. 귀농희망자에게 주거용 주택이 아닌 일종의 예행연습을 위한 임시거처를 제공하는 귀농지원 정책이다. 거주지나 영농기반 등을 마련하는 일정 기간 동안 영농기술도 배우고, 농촌생활의 현실도 파악하도록 도우려는 목적이다. 입주비용은 대개 보증금 100만 원 안팎, 월 임차료 10~20만 원대에 불과하다. 입주기간은 최소 1달에서 1년까지 해당 지자체마다 사정이 다르다.

빚을 내서라도 전원마을에 농가주택을?

정부는 귀농을 적극적으로 유인하고 촉진한다는 정책목적으로 귀농인이 주택을 구입하거나 신축하는 데 필요한 건축비를 빌려준다. 단, 조건이 있다. 단독주택의 연면적, 그러니까 단일건물 층별 바닥면적의 합계가 150m²를 넘지 않아야 한다. 화려한 호화주택이 아니라 형편에 맞게 소박한 농가주택을 지으라는 이야기다. 여기서 농가주택이란 건축법전에는 없는 용어로, 농지법의 적용을 받는다. 수도권을 제외한 읍·면 지역에서 대지면적 660㎡ 이내, 건물 연면적 150㎡ 이내의 취득 당시 기준시가(2009년 9월 1일 이후) 2억 원 이하의 주택을 말한다. 특히 2015년 말까지 양도소득세 과세특례를 받아 귀농인들의 관심을 끌기도 했다. 이때 주택면적보다 창고 또는 차고 등 부속시설의 면적이 클 경우에는 대출을 지원하지 않는다. 그건 주택이 아니라 배보다 배꼽이 더 큰 주택으로 위장한 사업장으로 오인될 수도 있어 그렇다. 그렇다고 한 가족만 따로 사는 단독주택만 지원하는 건 아니다. 귀농 동호인들이 모여서 짓는 다가구주택, 연립주택, 다세대주택, 공동주택 등도 지원대상에 해당된다. 단, 세대별로 독립적인 주거공간을 확보해야 함은 물론이다. 대출조건은 금리 2%, 5년 거치 10년 원금균등 분할상환으로 세대당 5천만 원이 한도다. 물론 정부의 연간 지원예산 규모, 대출취급 은행의 신용도, 담보평가 등 대출심사 결과에 따라 대출을 받지 못할 수도 있으니 지원대상이 되는지 사전에 철저히 확인해야 한다.

아예 귀농인들이 공통의 생활방식, 공동의 사업을 공유하고 의기투합하여 십시일반으로 마을을 새로 조성하는 경우에는 정부에서 대출이 아닌 보조금을 지원한다. 본격적인 귀농인 정착 및 정주지원정책인 신규마을 조성사업이 그것이다. 농림부에서 도시민들이 모여서 집단적으로 농어촌지역으로 이주할 때 진입도로, 상하수도 등 기반시설과 공동주차장, 공원 등 공동이용시설, 마을회관 등 기반시설 설치사업비를 지원한다. 20호에서 99호까지 마을 단위로 12억~30억 원까지 지원된다. 세대마다 주택 건축비가 필요하면 추가로 대출을 지원한다.

이러한 지원정책은 정부에서 지원하는 만큼 입주민들의 금전 부담이 줄어 귀농이 촉진될 수 있으리라는 기대효과를 노린 것이다. 하지만 부지구입비, 주택건축비, 기본계획 수립, 사전환경성 검토 등의 자부담 비용 자체가 만만한 수준은 아니다. 가난한 귀농인에게는 부담스럽거나 해당사항이 거의 없는 지원정책이기 쉽다. 무엇보다 함께 모여 살 집 말고 함께 먹고사는 문제는 행정이나 시행사가 책임질 수 없다는 점을 유념해야 한다.

생활공간과 공생가치를 공유하는 코하우징과 공동생활주택

이기주의자나 아웃사이더가 아니라면 '따로 또 같이'의 삶을 누릴 수 있는 코하우징(co-housing)도 잘 챙겨서 알아둘 필요가 있다. 요즘 도시의 동네, 농촌의 마을을 불문하고 새로운 주거생활 방식으로 주목을 받고 있다. 1968년 덴마크에서 시작된 코하우징은 다수의 가구가 공용공간에서 공동체 생활을 하는 협동주거 형태를 말한다. 입주자가 개인 공간과 공동 공간을 모두 활용할 수 있는 혁신적인 공동체형 주거공간으로 평가받고 있다.

도시의 사례는 2011년 국내 최초의 코하우징을 구현한 성미산 공동체의 소행주(소통이 있어 행복한 주택), 농촌의 사례는 충북 영동 우매리의 백화전원마을을 꼽을 수 있다. 백화마을은 2012년 코하우징 전문 사회적기업인 민들레코하우징이 조성한 마을로, 입주한 귀농인들의 자체 동아리와 협동조합 활동은 물론, 기존 원주민들과 문화공동체 사업을 벌이고 있다. 특히 입주세대들이 마을의 디자인부터 공동사업, 취미여가생활에 이르기까지 모든 단계의 의사결정에 참여한다는 점에서 이른바 기획형 공동체마을의 바람직한 실천방법론으로 인정받고 있다.

공동생활주택 사업도 전국 각지에서 선도적 사례가 속속 출현하고 있다. 그중 제주도의 일부 마을에서 소규모 학교 육성사업의 일환으로 시행하고 있는 이른바 농어촌 살리기 다세대 무상임대주택 사례가 대표적이다. 주로 학생 수가 줄어들어 폐교 위기에 처한 농어촌의 작은 학교를 살리기 위한 '학교 살리기 공동주택'으로 불린다. 취학아동을 자녀로 둔 귀농인을 유치하려는 목적으로 지자체의 지원사업비, 마을공동체 기금이 투입된다. 가령 애월읍 봉성리 문화주택의 사례를 보더라도, 입주조건은 다자녀, 저학년 자녀를 둔 가정이 우선이다. 초등학생이 반드시 1명 이상이되 미취학 자녀 수가 많은 경우 우선권이 주어진다. 27평형 기준으로 보증금 500만 원에 연간 임대료 300만 원 수준이다. 또 곽지리는 곽지리·금성리 주민과 출향인사들이 모은 성금 및 마을자금, 행정기관 지원금 등 25억 원을 투입해 다세대주택 24세대를 지었다. 초등학생 27명을 포함해 모두 116명의 주민이 무상으로 입주해 생활하고 있다. 인구도 늘어나고 곽금초등학교도 폐교 위기에서 벗어나는 일석이조의 효과를 거두었음은 물론이다.

더 나아가 재정 형편이 좋지 않아 생활기반과 주거환경이 취약한 귀농인에게는 공공 임대주택을 제공하는 것도 효과적 귀농지원정책이 될 수 있다. 말 그대로 국가나 지방자치단체의 재정, 국민주택기금, 공공택지 등 공공의 재성지원을 받아 국가와 지자체, LH공사, 민간건설업체가 건설, 매입, 임차하는 방식으로 귀농인에게 임대주택을 공급하는 사업이다. 물론 이러한 공공 임대주택에 입주하는 혜택을 부여받을 귀농인, 원주민 등 입주희망자는 엄정한 사전심사를 거쳐야 할 것이다. 무엇보다 그 지역공동체의 재생과 활성화에 기여할 수 있는 사회적 명분과 책임감을 충분히 갖추고 있는지부터 살펴야 할 것이다. 아무나 농부가 되어 함부로 농사를 지으면 안 되듯, 마을에도 아무나 들어와 살면 안 되기 때문이다.

마을을 먹여 살릴 사업계획

마을공동체사업으로 마을 기본소득을

치악산에 사는 할머니들이 합창을 했다
한달 동안 모여 연습한 고향의 봄
그럴 줄 알고 하나 더 준비한 앵콜 곡
오빠생각까지

무대는 가관이었다
어색한 할머니는 괜히 웃음이 삐져나오고
심드렁한 할머니는 구경꾼인 듯 딴청을 부리고
수줍은 할머니는 슬쩍 립싱크로 때우고
신이 난 할머니는 덩실덩실 어깨춤이나 추어대고
신중한 할머니는 이토록 크나큰 긴장이 어서 끝나기를
두 눈을 꼭 감고 합장했다

큰 일을 마친 할머니들이
무서운 무대에서 안전한 일상으로
다투어 내빼기 시작했다
그때. 내내 눈물만 찔금거리던 자식들이
얼른 길을 막아섰다

고마운듯, 자랑스러운 듯
그런데 그동안 자식으로서
뭔가 크게 잘 못 하고 산 듯
그래서 너무 아프고 미안한 듯
어느덧 할머니로 변한 엄마를
으스러지게 얼싸 안았다

울다가 웃다가
우리 모두 일제히, 거의 동시에
말문과 숨통이 콱 막혔다

—자작 시, 「치악산 할머니합창단」

 지난날, 원주 신림면 치악산 자락의 마을에서 구경한 마을음악회가 아직도 잊히지 않는다. 마을 할머니들로 구성된 치악산 할머니 합창단의 감동은 강한 여진처럼 남아 있다. 원주 신림면에 귀농한 만화영화 감독, 음악가 등 젊은 귀농인들이 마을 할머니들에게 한글과 노래를 가르쳐서 탄생한 공연이었다. 그때, 마을로 내려간 귀농인들이 마을에서 어떤 자세로, 무슨 일을 하며 살아야 좋을지를 깊이 깨달았다.

무주 초리 넝쿨마을은 마을연구 리빙랩

예전 마을연구소(Commune Lab)가 리빙랩(Living Lab)처럼 자리를 잡고 있던 무주 초리 넝쿨마을도 먹고사는 문제가 가장 큰 숙제였다. 그래서 어떻게 하면 마을주민들과 함께 먹고살 수 있을지를 주로 연구했다. 하지만 고백하건대, 제 앞가림조차 제대로 못 해 수지타산도 못 맞추는 얼치기 귀농인이자, 만성 적자의 사업자 주제에 이웃과 타인을 걱정하는 마을주의자 행세를 하는 게 몹시 힘겨웠다. 마을 연구라는 직종 자체가 본질적으로 수익을 내거나 최소한 수지타산을 맞출 수 있는 사업이 아니라는 사실을 모르는 게 아니다. 하지만 마을에서 사람 꼴을 하고 먹고사는 방법을 연구하는 일을 지금 멈출 수 없다. 누군가는 해야 할 일이라는 사실을 알아버렸기 때문에 모르는 척할 수 없다. 또 혼자만 잘 살면 아무 재미가 없고, 미안하거나 부끄러워서 나도 나를 어쩔 수 없다. 그래서 내가 살던 초리 넝쿨마을에서는 기존의 생업과 생활에 보태 쉼과 놀이를 함께하려 기를 썼다. 무엇보다 다른 마을에서는 잘 하지 않는 문화예술적인, 인문학적인, 심지어 사회과학적인 사업계획을 구상하고 프로그램을 개발하느라 분주했다. 다만 늘 소박하고 자연스러울 것, 욕심 내지 말고 천천히 갈 것, 함께 벌이고 더불어 나눌 것이라는 사업의 철칙을 염두에 두었다.

다행히도 초리 넝쿨마을은 녹색농촌체험마을, 전북 향토산업마을로 조성된 체험센터, 펜션, 공동식당 등의 시설과 공간을 보유하고 있었다. 여느 농촌 마을들처럼 이런 시설들이 방치되어 유휴시설이 되기 전에 재활용, 재생하고자 했다. 초리의 마을주민은 물론, 적상면민과 무주군민, 나아가 인접한 충청도와 경상도의 사람들까지 어울리는 일종의 생활문화복지 커뮤니티 센터로 자리를 잡았으면 하는 바람이었다. 그곳에 '마을Cafe초리(初里)'라는 간판부터 걸고 나름대로는 새로운 마을공동체 사업의 차원과 지평을 열어보고자 시도했다.

초리 넝쿨마을을 먹여 살릴 '마을Cafe초리'

일단 마을Cafe초리는 '마을학교 초리'가 중심이다. 그림 그리기, 글쓰기, 책 만들기, 노래 부르기, 농사짓기 등을 서로 가르치고 배웠다. '마을이란 무엇인가'를 탐구하고 토론하는 마을학 개론이나, 더 나아가 국가와 지역, 국가와 사회가 돌아가는 이치를 따져보는 '사회학 교실'도 궁리했다. 여기에 칡떡, 칡칼국수, 칡효소, 으름꽃차, 으름효소 등 마을을 상징하는 이미지와 브랜드인 넝쿨식물을 이용한 마을특산품도 개발했다. 또한 마을과 지역의 유기농 농산물과 먹을거리를 직거래로 나누는 마을가게 초리, 이야기가 있는 그림문패, 통나무 가구 등을 만드는 마을공방초리도 빼놓을 수 없다. 이어서 마을도서관, 마을사랑방 등이 지역사회의 허브 역할을 하며 칡과 등나무 넝쿨이 엮이는 것처럼 퍼져 나가 혁신적인 갈등(葛藤) 구조가 창조되기를 소망했다.

이러한 마을공동체 사업의 끝에는 부디 마을양로원(공동생활주택)이 있었으면 했다. 이미 노인공화국으로 변한 모든 농촌마을의 공통된 숙원사업이라 할 수 있다. 마을 안에서 평생 생활한 마을사람들이 늙고 병들어 마을 밖의 요양원 같은 곳으로 내몰리지 않으면 좋겠다. 가장 편하고 안전한 마을 안에서 여생을 보내다 웰다잉할 수 있기를 갈망했다. 그러자면 번호표를 뽑아들고 기약 없는 정부나 외부의 보조사업만 쳐다보고 있을 수 없다. 그저 소망이나 민원이 아니라 실현가능한 사업계획이 되려면, 스스로 이런저런 마을공동체 사업을 벌여서 적정한 소득부터 창출할 수 있어야 한다. 그래야 마을양로원을 설치하고 운영할 자본금으로 마을공유 협동연대기금을 적립할 수 있을 것이다. 그리고 마을사업이 발

그림9. 무주 초리 넝쿨마을에서 펼쳐지는 봄 축제 '달달칙칙 마을여행'

전하고 진화하는 과정에서 자연스레 마을 대표, 사무장, 부녀회장, 노인회장 등이 월급을 받는 마을공동체 사업의 일꾼으로 거듭날 수 있다. 그들이 농사로는 턱없이 모자란 소득을 채우기 위해 외지로 품을 팔러 돌아다니는 소농, 영세농의 고달프고 불안한 생활을 그만두었으면 한다. 궁극적으로는 마침내 마을 기본소득 또는 마을공동체 사업 주민배당을 통해 농가당 매달 몇 십만 원씩이라도 나눌 수 있으면 좋겠다. 정부나 정치인들이 하지 않으면 마을 주민들끼리 스스로 벌어서 나눌 수 있으면 좋겠다. 그래야 비로소 일과 삶과 놀이가 하나 되는 생활공동체가 완성될 수 있을 것이다. 니어링 부부처럼 하루 4시간 일하고, 4시간은 배우고, 4시간은 노는 조화로운 삶(Good Life)을 마을주민들도 얼마든지 꿈꾸고 누릴 수 있어야 한다.

귀농인은 마을공동체 사업의 전문가로 변신할 준비를

지금 귀농 현장에는 많은 귀농인들이 마을공동체 사업에 복무하고 있다. 농부이거나 농부가 아니거나 마을사무장으로, 마을의 이장이나 위원장으로, 컨설턴트로, 중간지원조직의 매니저로, 아예 공무원으로 현장에서 복무하고 있다. 귀농인들이 많이 모여든 진안, 홍성, 완주, 남원, 상주 등에서는 마을공동체 사업과 지역사회 공동체를 이끄는 귀농인들을 흔히 목격할 수 있다. 특히 전북 지역에서는 2017년부터 읍·면지역에서 주민들과 공동체를 활성화하거나 과소화된 농촌마을, 마을공동체, 협동농장을 관리·운영할 '농촌과소화 대응인력'을 선발해 활동비 등을 지원하고 있다. 이들은 이른바 마을 만들기 등 마을공동체 사업을 책임져야 하는 3대 주체인 행정, 주민, 전문가의 역할을 직접 맡아서 하고 있는 셈이다. 무엇보다 귀농인들은 행정과 주민이 잘 풀지 못하는 전문가의 역할을 자임하는 경우가 많다. 저마다 귀농하기 전, 도시의 직업전선에서 갈고닦은 기획, 마케팅, 관리, 정보화, R&D 등의 역량을 다양한 인적자원이 부족한 농촌의 마을에서 요긴하게 재활용하고 있는 것이다.

하지만 귀농인들이 아무리 열심히 마을공동체 사업에 힘과 애정을 쏟아도 표가 잘 나지 않는다. 좀처럼 성과를 내기도, 칭찬을 받기도 어렵다. 사업을 기획하고 추진하는 과정에서 소외되거나 배척된 농민, 원주민들의 불평과 원망이 귀농인들을 공격하는 경우까지 발생한다. 많은 원주민들은 대개 전문가나 리더보다는 피교육생 등의 수동적 '일개 주민' 역할로만 참여하기 때문에 벌어지는 오해이자 갈등이다. 따지고 보면 귀농인의 잘못도, 원주민의 잘못도 아니다. 그건 마을공동체 사업이 안고 있는 태생적이고 구조적인 모순과 한계에서 비롯되는 문제이기 때문이다.

본질적으로, 귀농인이든 원주민이든 농업과 마찬가지로 농촌의 일도 아무나 함부로 뛰어들면 안 된다. 농촌마을 공동체의 미래와 희망을 기획하고 설계하고 개발하는 일이 간단하고 쉬울 리가 없다. 근본 속성 자체가 농업과 농촌에 대한 종합적이고 체계적인 지식과 이해를 갖추어야 수행할 수 있는 고난도의 업무다. 생태, 환경, 조경, 관광, 건축, 도시계획, 농학, 임학, 식품공학, 농경제학, 농업경영학 등의 지식과 역량이 조화롭고 깊이 있게 통섭되어야 한다. 물론 학교 안에서의 전공이나 학점과 학위보다 학교 밖에서의 현장 경험이 더 필요함은 두말할 나위도 없다.

전향적 처방으로는, 민관협력 거버넌스 형태의 중간지원조직의 정상화를 들 수 있다. 시·군 단위 기초지자체별로 설립하는 '마을공동체 지원센터'에서 역량 있는 귀농인과 원주민이 함께 협업할 수 있도록 하면 된다. 마을만들기는 물론 귀농·귀촌, 사회적경제 등 마을 및 지역사회 공동체의 활성화 관련 지원사업을 총괄하는 곳이니만큼 귀농인이나 원주민이 따로 또 같이 나눠서 맡아 할 일이 다종다양할 것이다. 이때 중간지원조직으로서 역할과 책임을 정상적으로 수행하려면 운영예산 등 충분한 지원이 전제되어야 한다. 기존의 중간지원조직들처럼 비과학적인 정신력과 생활고가 예정된 열정페이에 의존하는 졸속행정으로는 시행착오와 실패가 반복될 뿐이다.

아울러 자체적으로 예측가능하고 지속가능한 수지 구조를 확보할 필요가 있다. 그래야 독립기관으로서 자생구조와 자립기반, 책임감과 전문성을 발휘할 수 있다. 따라서 기존의 정형화된 정책사업 지원업무 외에 지역의 마을공동체 사업 관련 컨설팅, 교육, 연구개발, 각종 위탁연구과제 등 자체 수익사업을 창조적으로 개발, 병행할 필요가 있다. 이 같은 업무를 전문적으로 수행하려면 농촌지역 특유의 현장감과 전문성을 확보한 지역의 현장 전문인력을 확보하는 과제가 선결되어야 한다. 도시와 농촌에서 다양한 경험과 경력을 겸비하고, 농촌지역에 꼭 필요한 사람으로 인정받고 싶은 귀농인이라면 도전하고 투자할 만한 농촌형 직업이다.

마을기업부터 원주민과 함께

그런데 마을공동체 사업은 쉬운 일이 아니다. 내 멋대로가 아닌 이웃 및 타인과 더불어 사이좋게 의논하고 협업하는 일 자체가 어려운 과제다. 게다가 농촌의 마을을 되살리겠다고 정부에서 만들어놓은 농촌지역 개발사업의 판과 모델 자체부터 허점과 빈틈이 많다. 우선 기존의 마을이나 권역 단위의 농촌지역 개발사업 또는 마을공동체 사업은 의사결정구조와 책임소재 자체가 불명확하다. 주로 이장이 자의반 타의반 겸직하는 위원장 중심의 위원회(추진 및 운영) 주도의 사업은 책임주체가 모호하고 불분명하다. 설사 책임을 지고 싶어도 그럴 수 없는 무책임하고 비합리적인 구조다. 따라서 일이 잘 되든 못 되든 사전에 법적, 도의적 책임소재부터 명확히 정리할 필요가 있다.

가령 법인격을 갖춘 '마을공동체 사업 협동경영체(넓은 의미의 마을기업)'부터 설립하고 사업에 나서면 최소한 책임주체가 분명해지는 효과가 있다. 귀농인과 원주민이 함께 마을공동체 사업을 기획하고, 협동조합과 영농조합, 주식회사, 사단법인 등의 마을기업에 출자와 참여를 결정하고 결행하는 과정에서 심기일전의 사명감과 책임감이 부여될 것이다. 무엇보다 사회적경제 조직을 사업의 물꼬는 여는 열쇠이자 성과를 잇는 고리로 삼으면, 자칫 따로 겉돌기 쉬운 마을공동체(community)와 사회적경제(business)가 상호 호혜적, 유기적, 물리화학적으로 연계·융합하는 효과마저 거둘 수 있다.

이 같은 마을기업의 운영 및 관리 주체는 결국 마을주민 스스로다. 마을기업을 설립하고 마을공동체 사업을 능히 경영할 수 있을 만큼 농촌 마을 주민들의 조직적인 자치 역량이 먼저 갖추어져야 한다. 결국 마을기업 기반의 마을공동체 사업이 성공하느냐 실패하느냐는 마을주민의 손에 달려 있다. 평생 농사만 짓던 농사박사 고령농들이 마을주민의 주력을 형성하고 있는 농촌의 마을에 젊은 귀농인들이 수혈되어야 하는 이유다. 다른 경험과 재주를 가진 귀농인 또는 마을시민들의 머리와 손이 마을기업과 마을공동체 사업의 모자란 곳을 채울 수 있다. 마을기업을 기반으로 원주민과 귀농인이 상호보완적으로 얼마든지 협업할 수 있다.

그렇게 귀농인 또는 마을시민들이 모여 '마을기업 중심의 마을 살리기'를 해야 비로소 합리적이고 실사구시적인 마을공동체 사업 판이 벌어질 수 있다. 그래야 우리 농촌의 마을도 기술적이고 행정적인 토건적 마을 만들기라는 방법론의 헛된 망령과 주술에서 벗어날 수 있다. 대신 사회적이고, 문화적이고, 인문적인 방법론들을 융·복합적으로 결합한 '사회생태적 마을 살리기 또는 마을살이'라야 한다. 그러한 생활공동체의 사업철학, 실천방법론을 염두에 두어야 한다. 그건 농사를 잘 못 짓는 귀농인들이 농사를 잘 짓는 원주민보다 더 잘 할 수 있는 일이다. 원주민보다 앞장서서 해야 하는 귀농인으로서 사회적 책무다.

지역을 재생할 공동체 전망

지역사회를 지키는 호밀밭의 파수꾼으로

지금 우리 농촌에는 사람도, 돈도, 활력도, 희망도 잘 보이지 않는다. 시력을 아무리 교정해도 별 소용이 없다. 그래도 어딘가, 누군가에게는 그것들이 있기는 할 텐데, 나와는 전혀 상관없는 일이라며 자조할 정도로 찾아보기 힘들나. 농촌의 미래는 사꾸 뒤로, 과서로 밀려나서나 외딴곳으로 퇴장, 소멸하고 있는 느낌이다. 그래서 마을을 연구하는 관찰자로서 농촌의 마을을 가만히 바라보고 있으면, 마을이 거대한 폐허나 무덤처럼 다가올 때가 있다. 마을이 죽으니 지역도 따라 죽고, 마을과 지역을 구원할 신(神)마저도 죽은 듯하다. 어쨌든, 겉으로 보기에 이승의 장면처럼 느껴지지 않는 곳이 바로 오늘날 농촌의 마을이다.

마을 속으로 깊이 들어가 속사정을 들여다봐도 이런 평가와 판단은 달라지거나 바뀌지 않는다. 지역의 활성화, 지역의 복원, 지역의 재생은 어느덧 정치인, 공무원, 전문가들이 선거 때만 입에 달고 나오는 공약으로 전락한 듯하다. 구체적 실천방안과 진정성 없는 공허하고 기만적인 구호가 된 지 오래되었다. 아무도 그런 해묵은 공약이나 되풀이되는 선동에 반응하지 않는다. 지금, 우리 농촌이 빠져 있는 막막하고 어두운 터널은 그 길이와 끝을 가늠하기 어렵다. 전망이, 미래가, 가능성이, 돌파구가 좀처럼 발견되지 않는다.

귀농은 없다, 사람 사는 마을이 있을 뿐

그런 죽어가는 농촌 공동체와 지역사회를 살리기 위해 귀농정책에 거는 각계의 기대가 점점 커지고 있다. 점점 사람의 온기가 사라지고 죽어가는 농촌 공동체와 지역사회를 살릴 유력한, 또는 거의 유일한 해법이라는 공감대가 커지고 있는 것이다. 무엇보다 귀농정책은 사람이 너무 없어서 생기는 농촌의 문제는 물론, 사람이 너무 많아서 생기는 도시의 여러 가지 문제들까지 동시에 해결하는 일거양득의 특별한 대책으로 인식되고 있기도 하다. 하지만 사람이 너무 많은 서울에서 사람이 너무 없는 농촌으로 귀농해서 십 몇 년 농촌 공동체와 지역사회의 구성원으로 살아보니, 귀농정책은 그런 비법이나 묘책이 될 수 없겠다는 아쉬움과 우려가 생긴다. 막상 귀농인들이 투신한 귀농 현장에서도 귀농의 진실은 잘 잡히지 않고, 기대에 어긋나는 귀농정책과 제도만 유령처럼 떠돌고 있다. 정부의 정책, 지자체의 제도에 대한 불신과 의심만 증폭되고 있다. 나만 그렇게 생각하는 게 아니다. 평균적인 귀농인들의 귀농정책에 대한 평가는 대개 부정적이다. 정책이나 제도가 실효성도, 진정성도 부족하다는 불만과 민원이 적지 않다.

그렇다면 이쯤에서 귀농은 일단 좋은 것, 무조건 옳은 것이라는 일종의 도그마(Dogma)에서 벗어날 때가 아닌가, 귀농에 대해 보다 진지하고 근원적인 진단과 분석, 학습과 성찰이 필요해 보인다. 귀농에 대한 개념과 정의 그리고 효용과 기대효과부터 다시 점검하고 재정립할 필요가 있다. 가령 굳이 농사짓는 경우는 귀농, 그렇지 않은 경우는 귀촌으로 칼로 가르듯 구분하는 게 무슨 소용이 있는가? 그에 따라 정책과 제도의 종류, 방향, 강도를 달리하는 행위가 과연 얼마나 유의미한가.

사실 농촌마을의 논과 밭에서는 귀농과 귀촌의 기계적 경계조차 뚜렷하지 않다. 오로지 농사만 지어 먹고사는 귀농인 출신 전업농은 주변에서 잘 눈에 띄지 않는다. 농사박사인 원주민 농민들도 열에 일곱은 농가소득의 절반을 농사로 벌어들이지 못하는 게 우리 농촌의 현실이다. 그런 상황에서 귀농인이 농사만 지어서 먹고사는 농부로 살아가는 건 쉬운 일이 아니다. 가족 중 누구 하나는 부업으로 알바를 뛰고, 철마다 날품을 팔러 길거리로 나서고, 보따리장사처럼 객지로 떠돌아야 겨우 먹고사는 사례가 적지 않다. 나도 그렇다.

귀농은 농부보다 살림의 가치로 귀의한다는 뜻

여러 가지 설이 난무하는 귀농이라는 개념부터 다시 정리하는 게 좋겠다. 이는 본디 농사나 농부가 되는 1차원적인 물리적 행위와 결과만을 뜻하는 게 아닐 것이다. 그건 다분히 귀촌과 차별하고 차등을 두고자 하는 행정편의적인 시각과 발상이 아닌가. 차라리 귀농과 귀촌을 하나로 묶어 '생명, 생태, 공동체 같은 농(農)적인 가치, 또는 살림의 가치로 귀의하는 것'으로 풀이하는 게 더 그럴듯하다. 그렇게 다원적이고 고차원적 가치를 품은 어원으로 해석하는 게 한결 합리적이고 과학적이다. 그러니 귀농을 했으니 농부로 살아야 하고, 귀촌을 했으니 그저 농촌의 주민으로 살아야 한다는 의무감이나 강박에서 스스로 해방되기를 권고한다. 마을에서는 순정한 농부가 되든 그렇지 않든, 그건 그리 중요하지 않다. 최소한 현대 자본주의와 개별적 이기주의의 육묘장이나 공장 같은 도시난민촌을 자발적으로 탈출한 용기만으로도 얼마든지 스스로 대견해하고 대접을 받아야 마땅하다. 귀농인들이 농촌으로 하방하는 고귀한 노력과 비장한 시도는 무조건 칭찬을 받고 존중받아야 한다. 박수를 받을 만하다.

그래서 차라리 귀농정책의 유효거리와 유효기간에 일정한 제한을 두면 어떨까. 굳이 귀농정책이란 게 별도로 필요하다면 귀농인이 마을주민으로서 전입신고하기 전까지만 작동하면 되지 않을까. 그러니까 귀농정책의 유효거리와 기간은 도시에서 마을로 내려와 이삿짐을 풀기까지가 되는 셈이다. 그 다음부터는 기왕의 정책과 제도를 그대도 가져다 쓰면 된다. 농촌의 원주민들처럼 기존의 농촌주민용 정책과 제도를 똑같이 적용하면 될 일이다. 아울러 농부가 되려고 준비하고 공부하는 귀농인에게는 농지원부 등록 전까지만 귀농정책으로 특별히 지원하면 된다. 일단 농업인으로 등록한 귀농인은 원주민 출신 농민들처럼 기존의 일반적인 농업·농촌·농민 정책으로 얼마든지 돌보고 보살필 수 있다. 이렇게 굳이 귀농과 귀촌을 따로 가르거나 귀농인과 원주민의 차이, 귀농정책과 일반 농정의 경계, 나아가 농민과 농촌 주민의 구분을 설정하는 것은 그리 절실한 과제가 아니다. 불요불급하다. 정책을 위한 정책, 제도를 위한 제도가 아닌가 오해하게 될 뿐이다.

귀농정책보다는 사람 사는 농촌정책이 급선무

오늘날 우리의 농촌 공동체와 지역사회를 살리기 위해서는 특단의 귀농정책보다 더 급하고 중요한 정책이 있다. 일반적인 농정 전반의 기조가 그것이다. 기존의 농정 기조를 두 갈래로 이분화해서 차별 적용하는 게 더 급선무다. 기존의 '농업경제학적 농정' 패러다임, 즉 돈 버는 농업을 우선하는 정책은 일부 소수의 능력자(대농, 기업농, 부농)에게 한정되는 게 맞다. 하지만 농민과 농촌의 주민을 구성하는 주력인 대부분의 구조적 비능력자들에게는 맞지 않는다. 즉, 소농, 가족농 그리고 귀농인들은 정부에서 돈의 잣대로 주문하고 채근하는 6차산업이나 ICT융복합농업 같은 기업화, 규모화, 첨단화를 통한 돈 버는 농업을 하기 어렵다. 하고 싶어도 할 능력이 안 된다. 이들에게는 사람 사는 농촌의 관점에서 '농촌사회학 및 사회복지학적 농정'의 패러다임으로 접근해서 지원해야 한다.

물론 그러한 법, 제도, 정책 이전에 더 급하고 중요한 필수 선결과제가 있다. 따로 또 같이 먹고사는 생활의 기술, 더불어 소유하고 나누는 사회적 공유재 같은 사회석자본(Socal Capital)이다. 더 욕심을 내자면 사회적자본 이전에, 또는 사회적자본의 생산 및 축적과 아울러 농민기본소득, 공동 마을 양로원 같은 사회안전망(Social Safety Net)이 먼저 마을공동체와 지역사회 곳곳에, 그것도 촘촘히 구축되어야 한다. 그래야 도시의 평균적 난민 같은 비능력자들도 마을에서 먹고사는 문제와 함께 살아가는 문제에 대한 불안과 두려움 없이 용감하게 귀농하고, 지혜로이 하방을 결행할 수 있을 것이다.

그리고 귀농인들이라고 마을 안에만 움츠리거나 갇혀 있으면 안 된다. 비록 조용히 살고 싶어 마을로 들어왔다고 해도 나 혼자 조용히 산다고 결코 조용히 살 수 있는 것이 아니다. 마을공동체와 그를 둘러싼 지역은 또 하나의 새로운 사회다. 좋든 싫든, 살아 있는 한 마을공동체와 지역사회 구성원으로서의 역할과 책무가 저절로 부여된다. 그래서 마을을 둘러싼 지역사회와 늘 연결되어 소통하고 참여하고 협력해야 한다. 마을공동체 못지않게 지역사회의 안녕과 미래도 나의 일처럼 함께 걱정해야 한다. 그래야 귀농인도 지역주민으로서 당당하게 대우를 받을 수 있다.

전북대 강준만 교수는 "지방은 서울의 '내부식민지'이고 '식민지 독립투쟁'이 지방을 넘어서 나라를 살리는 길"이라고 주장한다. 대한민국 헌법 제123조 제2항에는 "국가는 지역 간의 균형 있는 발전을 위하여 지역경제를 육성할 의무를 진다"고 엄연히 규정되어 있는데, "헌법은 아무도 지키지 않는 빈껍데기, 아니 쓰레기 취급을 받고 있어서 지방은 정치·경제·문화·교육·언론 등 전 분야에서 서울에 종속된 내부 식민지"라고 개탄한다. 마을로 귀농해 지역으로 마침내 하방했다고 해서 서울의 식민지에서 자유롭지도, 해방되지도 않았다는 뜻이다. 서울을 벗어나 지역으로 내려왔다고 절대 방심하거나 안심하면 안 된다는 간곡한 당부이자 경고의 메시지를 던진 것이다.

지역공동체의 주권을 찾는 일에 앞장서야

우선 지역이 서울의 식민지에서 해방되려면 각자 딛고 있는 지역공동체의 주권부터 찾아야 한다. 지난 십 몇 년 동안 정부부처마다 경쟁하듯 지원한 수천 곳의 마을·지역공동체 사업의 현장에서는 지역주권을 찾아보기 어렵다. 중앙이나 외부에 의존하는 지역발전전략의 한계와 폐해만 극명하게 드러날 뿐이다. 물론 지역주민들이 지역주권을 발휘해 자율적이고 상향식으로 사업을 추진하라는 사업지침이 없는 것은 아니다. 하지만 지역 현장에서는 지자체 행정과 지역주민들의 역량이나 수준 그리고 지역주권의 정도는 충분히 고려되지 않은 채, 무차별적으로 임자 없는 돈, 먼저 보는 놈이 주인인 보조금만 무차별적으로 농약처럼 살포되었을 뿐이다.

그래서 영국의 지역주권법 사례와 그 성과가 부럽다. 영국에서는 지역주민들이 지역공동체 사업에 필요하면 토지구매대금을 확보할 때까지 기다려준다고 한다. 지역의 자산을 그 지역의 주민들이 우선 이용할 수 있도록 우선권을 부여하는 것이다. 그렇게 주민들이 힘을 모아 공공의 자산으로 만든 토지나 건물을 토대로 공동체 사업을 벌일 수 있다. 영국 정부와 지방정부, 공동체 등이 함께 2011년 제정한 로컬리즘 액트(Localism Act, 지역주권법)가 있어서 가능한 일이다. 우리 농촌에도 쓸 만한 유휴시설들이 산재, 방치되어 있다. 그런 유휴시설을 이용할 지역주권을 되찾을 수 있다면, 그동안 돈도 없고 방법도 몰라 공동체 사업에 참여하기 어려웠던 귀농인들이 지역주민과 협동하고 연대해 얼마든지 지역공동체 사업을 벌일 수 있을 것이다.

이때 경영책임 부재, 사업조직역량 부족, 규모의 비경제 등 정책의 한계와 부작용을 많이 노출한 마을·권역단위 사업을 뛰어넘어 이른바 '지자체 또는 지역단위 협동경영체' 모델을 개발하여 적용할 필요가 있다. 이는 시·군이나 읍·면의 기초지자체 지역단위와 범위에서 지역주민들이 서로를 위해, 그리고 지역공동체를 위해 설립한 공동사업의 주체를 뜻한다. 일종의 지역단위 네트워크 기반의 사회적경제조직형 공동사업체로서 마을과 지역공동체의 공익에 기여하는 사업목적과 가치를 추구한다. 남원 산내면의 이른바 실상사 들녘공동체와 사회적협동조합 지리산 이음, 홍성 홍동면 중심의 사단법인 홍성지역협력네트워크, 진안군의 농업회사법인 진안마을주식회사, 임실 치즈마을 중심의 농업회사법인 임실치즈레인보우주식회사, 완주군의 커뮤니티 비즈니스와 로컬푸드 등 지역단위 협동경영체의 혁신적 사례는 속속 출현하고 있다.

2부

마을에서
살아가는 법

셋.
마을에서 먹고사는 생활기술

농사를 지어서 먹고살기 어렵다면 아예 귀농은 꿈도 꾸지 말아야 하나? 도시에 더 이상 살고 싶지도 않고, 도시에서 더 할 일도 없는데 어쩔 수 없이 죽을 때까지 잉여도시민으로 회색 콘크리트 성벽 안에 갇혀 살아야 하나? 무엇보다 농촌에서 산다고 꼭 농부로만 살아야 하나? 독일은 농부가 2%밖에 안 되는데 전 국민의 60%가 농촌에 산다고 하지 않던가. 여생의 50%는 농부의 삶을 살고, 나머지 50%는 그냥 농촌의 주민으로 생활하면 안 되는가? 그래서 나는 농사를 지어서 먹고살 능력과 조건이 안 되는 귀농인들이 농촌에서 마을주민으로 당당히 살아가는 방법을 오래 고민하고 궁리했다. 그건 바로 농부가 될 수 없었던 나 자신의 가장 절박한 숙제였다. 그래서 농사짓지 않고 농촌에서 살아가는 여러 가지 유형의 귀농인들을 '마을시민'이라 부르기 시작했다. 스스로도 당초 1지망이었던 농부로서의 삶에서, 2지망이자 차선책인 농촌의 주민 또는 마을시민으로서의 삶으로 과감하고 기꺼이 전환하기로 했다.

마을기업을 꾸리는 사업기술

마을기업으로 함께, 사이좋게 먹고살자

2007년 '마을기업'이라는 신조어를 처음 만들어 썼다. 모 일간지에 "마을기업을 세우자"라는 기고를 하면서, 이른바 '마을공동체 사업을 책임지는 마을기업'을 주창하고 호소했다. 개인적인 귀농 여정의 시행착오가 바탕이 되었다. 귀농해서 마주친 마을공동체 사업의 현장마다 책임주체가 부재하거나 부실한 현실을 목격하며 안타깝고 답답했다. 하지만 해법과 대안은 뚜렷하지 않았다. 그런 증상의 치유책을 표현할 만한 마땅한 용어와 방법론도 좀처럼 찾기 어려웠다. 그런데 마침 그해 사회적기업육성법이 시행되었다. '농촌형 또는 마을공동체형 사회적기업'이라는 개념을 자연스레 떠올렸다. 유럽, 일본을 거쳐 수입된 커뮤니티 비즈니스(Community Business)라는 말도 귀에 들어왔다. 그러자 '마을을 먹여 살리는 기업'이라는 뜻의 마을기업이라는 말이 저절로 생각났다.

귀농하기 전, 서울에서 중소기업을 지원한 경력만 6년이다. 그리고 직접

벤처기업을 경영한 경력도 6년이다. 어쨌든 도합 12년을 기업이라는 화두와 주제를 붙잡고 중소·벤처기업 전문가 행세를 하고 살았다. 마을에 내려와 살면서 '기업'이라는 화두를 다시 꺼내든 건 내게 자연스러운 일이었다. 물론 농촌에도 영농조합법인이니 농업회사법인이니 하는 농촌형 기업들이 없는 게 아니다. 다만, 기업의 역할과 구실을 제대로 하는 사례는 흔치 않은 게 현실이다.

그림10. 농촌마을에서 먹고사는 문제를 풀 수 있는 대안 사례를 제시한 『마을을 먹여살리는 마을기업』(이매진)

마을기업이라는 개념과 방법론이 정립되자, 각종 매체와 지면을 빌려 '마을기업론'을 공론화시켰다. 농촌을 살리는 이런 방법도 있다고 세상 사람들에게 어서 알리고 싶었다. "마을마다 마을기업을 만들자. 그래서 '먹고사는 불안과 공포'에서 벗어나기 위해, 심지어 '남보다 한 숟갈 더 떠 먹으려는 욕심과 욕망'을 위해 대도시로 꾸역꾸역 몰려든 대한민국 근현대사의 난민들 스스로 저마다의 마을로 하방할 수 있도록 물꼬를 트자"고.

귀농인과 원주민이 협업하는 연결형 사회적자본

여기서 내세우는 마을기업이란 한마디로 '친환경 농업기반, 농촌경영체 중심, 도농상생 생활·생태공동체'를 지향한다. 자본금 등 창업 및 사업자금은 "마을 공동기금과 마을주민들의 자발적인 투자금을 종잣돈으로 하고, 소득기반 확충을 목적으로 하는 정부의 농촌지역 개발사업 지원금으로 마련하자"고 제안했다. 사업구조는 "1차 친환경 영농, 2차 농업바이오 가공, 3차 도·농 직거래유통, 그리고 농업교육, 마을체험 등 관련 서비스를 아우르는 농업벤처형 농업경영체"라면 유망할 것이라고 자신 있게 주장했다.

특별히 '사람'의 중요성을 강조했다. 마을기업도 역시 사람이 열쇠이자 고리이기 때문이다. 업무 조직과 인적 구성은 귀농인과 원주민이 힘과 지혜를 모으자고 역설했다. "농사를 잘 아는 마을 원주민 등 농민이 친환경 영농을 맡고, 귀농인이 기획, 관리, 마케팅, 생산가공, 정보화 등을 맡아 하면 조화로울 것"이라고 설명했다. 내부 원주민과 외부 귀농인의 유기적 협업을 통한 연결형 사회적자본(Bridging Social Capital)부터 탄탄히 구축하자고 권고했다. 아울러 "도농상생, 생태대안, 지역연대 등의 기업문화가 바탕이 되면 더욱 신명이 날 것"이라며 마을기업의 사회적경제 조직으로서 사회적 미션과 생태적 비전까지 제시했다.

이후 인터넷 세상 여기저기를 떠돌던 마을기업이라는 말은 2010년쯤 행자부의 '마을기업 육성사업'으로 변신, 인구에 널리 회자되기 시작한다. 공무원이 보기에도 마을기업이라는 말과 뜻이 그럴듯했던 모양이다. 일단 마을기업의 조어자이자 주창자로서 반가웠다. 그러나 행자부의 마을기업은 당초의 원형과는 다소 달라 아쉽다. 좁은 의미의 마을기업일 뿐이기 때문이다. 소득 제고와 일자리 창출이라는 다분히 행정적이고 정책적인 단기 목적에만 집중되어 있다.

기업과 마을이 만나는 접점의 생활공동체 모델

마을기업에서 말하는 기업은 당연히 사전적 의미의 기업을 뜻하지 않는다. 자본주의 사회에서 이윤 추구를 목적으로 하는 경제단위체로서 그런 기업은 아니다. 정부가 바라듯 소득과 일자리라는 정량적, 물리적, 경제적 성과에만 매달리는 그런 기업도 아니다. 그저 돈 놓고 돈 먹는 상업적 기업을 하고 싶은 게 아니다. 마을기업이란 '비록 자본주의 사회와 체제에 놓여 있지만, 마을의 사람들이 서로를 위해, 마을공동체를 위해 더불어 설립하고 경영하는 지속발전가능한 사업단위체'를 지상과제로 삼았던 것이다.

오늘날 형해화되고 공동화된 사막처럼 낙후된 농촌 마을공동체의 재생, 분열된 지역사회의 재통합이야말로 절박한 시대적 사명이자 과제이다. 농촌의 인적, 물적 자원과 자산을 착취해 그 원인을 제공한 도시도 그런 원죄와 책무로부터 결코 자유로울 수 없다. 그래서 마을공동체 사업의 책임주체로서 지속가능한 농촌경제와 농민의 생활을 담보할 수 있는 마을기업이야말로 농촌의 마을에서 먹고사는 문제를 풀 수 있는 실용적이며 효율적인 대안이라고 믿는다. 그 믿음은 전작 『마을을 먹여 살리는 마을기업』에 고스란히 담겨 있다.

가령 마을농장, 마을공장, 마을가게, 지역유통, 농장마을 등은 '좋은 마을을 일으키는 경제기업'으로서 마을기업들이다. 마을학교, 농장학교, 지역교실, 체험마을, 교육마을 등은 '바른 마을을 일깨우는 교육기업'이라 할 수 있다. 예술단, 문화원, 공방, 조사단, 박물관 등은 '열린 마을을 퍼뜨리는 문화기업'으로서, 생태건축가와 대안기술자, 대안대학, 사회복지원, 연구소 등은 '옳은 마을을 지키는 생태기업'으로서 마을기업이라 할 수 있다.

애초 마을기업을 떠올릴 때, 그것을 오직 마을에 사는 사람들의 단순한 밥벌이 수단 정도로만 생각한 게 아니다. 내심 그 이상의 기대와 욕심이 있었다. 생태적이고 공동체적인 삶을 소망하는 온 국민의 새로운 생활수단이자 방식이 되었으면 하는 간절한 바람이 있었다. 그리하여 마침내 비정상적이고 불공정한 나라 경제의 정상적이고 공정한 대안으로 자리를 잡았으면 하는 절박한 희망이 있었다.

마을공동체 사업의 선두와 중심에 마을기업부터

예전 무주 초리의 넝쿨마을에서도 마을기업을 실험하고 실천했다. 우선 마을기업을 통해 지지부진하고 지리멸렬했던 마을공동체 사업의 전열을 재정비하려는 목적이 컸다. 2011년부터 녹색농촌체험마을, 전북향토산업마을, 농촌 고령자 공동시설지원 시범사업 등 5억여 원의 사업비를 지원받아 체험센터, 마을펜션, 마을공동식당 등 마을공동사업에 필요한 기본시설은 마련돼 있는 상태였다. 다만 그 시설들을 놀리지 않고 제대로 활용하는 게 숙제였다.

당초 초리마을 이장이 마을사업을 시작할 때는 칡을 테마로 삼아 칡넝쿨로 갈포를 만들어 특산품으로 삼아보려 계획했다. 그래서 마을의 별명도 '초리 넝쿨마을'로 지었다. 하지만 곧 기술적으로, 사업적으로 시행착오와 한계에 부닥쳤다. 삼베나 모시처럼 강도가 충분치 않아 갈포 실을 뽑아내는 게 쉽지 않았다. 무엇보다 이장 말고는 마을공동체 사업을 책임지고 관리하고 운영할 사람과 조직이 마을에 없으니 사업을 추진할 동력이 모자랐다. 그렇다고 돈을 들여 애써 지어놓은 시설을 여느 실패한 마을처럼 유휴시설로 방치해놓을 수도 없는 노릇이었다. 그래서 이장, 부녀회장, 개발위원장 등을 중심으로 심기일전의 의지와 각오를 새로 다졌다. 다행히 마을의 살림을 맡아 꾸릴 마을사무장도 처음 배정받았다. 마침 전북도로부터 생생마을 사후관리 사업비로 5000만 원을 지원받은 게 결정적 동력이 되었다. 체험센터 건물의 효용과 가치를 되살리는 리모델링 작업에 전액을 투자했다.

초리 넝쿨마을의 마을공동체 사업 2기의 선두와 중심에는 무엇보다 마을기업을 내세우기로 했다. 마을공동체 사업은 마을기업과 사업조직도 없이 이장 겸 위원장 혼자 북 치고 장구 치며 헌신하고 희생한다고 될 일이 아니기 때문이다. 다만 행자부에서 사업비를 지원받아 소득이며 일자리를 창출해야 하는 그 행정적인 마을기업을 하려는 게 아니었음은 물론이다. 사실 당시는 구체적인 법인의 형태나 조직의 구성도가 완성된 것도 아니었다. 협동조합으로 할지, 영농조합법인으로 할지, 노인뿐인 마을주민들 가운데 과연 누가 조직적으로 참여할 수 있을지 오래 심사숙고했다. 더구나 공동체 사업이라는 명분만 앞세워 여자 6만 원, 남자 15만 원의 일당을 포기하고 생업보다 먼저 마을공동체 사업에 참여하고 헌신하라며 강요할 수 없는 노릇이었다. 하지만 '마을사람들이 서로를 위해, 마을공동체를 위해 더불어 설립하고 경영하는 지속발전가능한 사업단위체'를 하고 싶은 생각은 마을사람 모두 공감하고 공유했다. 그래서 일단 하고 싶은 일보다는 마을주민들의 역량과 여건이 허락하는 수준에서 함께할 수 있을 만큼 적당한, 또는 합리적인 사업목표를 세우는 데 집중했다.

마을Cafe초리, 마을학교초리, 마을가게초리, 마을방앗간초리

그렇게 해서 기존 향토산업마을 체험센터 1층 공간은 마을Cafe초리로 재탄생했다. 카페를 한다고 하면 "시골마을에서 카페가 장사가 되겠느냐"는 부정적 반응이 일반적이다. 그런데 걱정할 필요가 없다. 시중의 흔한 카페처럼 커피나 밥장사를 하려는 게 아니니까. 이 마을카페는 마을의 생활문화복지회관의 용도와 기능을 갖는다. 마을사랑방이자 지역커뮤니티의 허브 구실을 하려는 것이다. 다만 마치 카페 같은 구조를 갖추고 분위기를 띨 뿐이다. 작은 전시회와 음악회도 얼마든지 열 수 있는 공간이다.

카페 한편에는 '마을가게초리'도 따로 차렸다. 고추, 마늘, 산나물 등 마을에서 생산한 농산물은 물론, 카페 밖의 마당에 새로 짓는 '마을방앗간초리'에서 가공한 칡효소, 칡떡, 칡즙, 칡차, 머루즙 등도 카페를 찾는 마을손님들에게 직접 판매할 계획이었다. 큰돈을 벌 수는 없겠지만, 최소한 그동안 중간수집상에게 넘어가는 유통마진만큼 마을의 농부들에게 돌려줄 수 있을 것이다. 2층에는 '마을학교초리'가 자리를 잡았다. 오래전 폐교된 괴목초등학교 초리분교가 되살아나는 셈이다. 우선 마을 내부의 수민들을 위해 할매할배 한글교실을 열고, 무주군민 등 마을 외부의 주민들을 위해 마을학개론 교실, 그림과 글씨 교실, 글과 책 교실, 농촌사회학 교실, 이장님의 농사교실 등을 수시, 상시로 기획하고 꾸려나갈 계획이었다. 교실 한쪽에는 마을도서관, 마을책방, 마을박물관도 갖춰놓을 계획이었는데, 물론 마을의 크기와 역량에 걸맞은 정도의 아주 작고 소박한 규모가 될 것이다.

마을주민과 마을을 찾는 지역주민들이 함께 '무주초리 넝쿨마을협동조합'도 설립했다. 초리 넝쿨마을의 마을공동체 사업을 책임지는 사업주체로, 나도 이사의 한 자리를 맡았다. 가령 한 달에 1만 원의 회비를 내는 조합원 1천 명만 모을 수 있다면, 그러니까 2만여 무주군민의 5% 정도만 조합원이 될 수 있다면 얼마나 좋을까. 이렇게 마을주민들이 마을공동체 사업을 함께해서 모은 공동소득으로 마을양로원도 세우고, 농가마다 단 몇 십만 원씩이라도 기본소득 월급, 단 몇 만 원이라도 기본소득 배당을 나눠가질 수 있다면 얼마나 좋을까. 마침내 더도 덜도 말고 초리 넝쿨마을이 유명한 농촌관광마을이 아니라, 마을주민들이 더불어 잘 생활하는 생활공동체마을로 되살아난다면 얼마나 신이 날까 생각했다.

마을시민으로 농사짓는 농업기술

50%만 농사짓는 마을시민 귀농을

한국에서 농부가 되는 건 어쩌면 쉬운 일이다. 농부로 인정받을 수 있는 구체적인 방법을 알고 나면, "할 일 없으면 시골에 가서 농사나 짓지"라는 말이 괜히 나온 게 아니지 싶다. 오죽하면 농부가 되기에는 땅도, 기술도, 돈도, 그리고 무엇보다 품성도 턱없이 부족한 나조차 한때 합법적인 농부로 공인받은 적이 있을 정도니까. 법적인 농부, 즉 농업인의 자격과 요건을 구체적으로 규정하고 정의해놓은 실정법은 여러 가지다.

우선 '농지법 제2조 제2호'에서 정해놓은 농업인은 '1천 제곱미터 이상의 농지에서 농작물 또는 다년성식물을 경작 또는 재배하거나 1년 중 90일 이상 농업에 종사하는 자'를 말한다. 만일 고정식온실·버섯재배사·비닐하우스 등의 농업생산시설에서 농사를 짓는다면 그 1/3의 면적만으로도 농부로 대접받기에 충분하다. 축산업의 경우에는 '대가축 2두, 중가축 10두, 소가축 100두, 가금 1천 수나 꿀벌 10군' 이상을 길러야 한다. 그러니까 소 2마리나 돼지 10마리만 있으면 국립농산물품질관리원으로부터 당당히 농업인 확인서를 발급받을 수 있다.

'농업·농촌기본법 제3조 제2호'의 농업인은 '1천 제곱미터 이상의 농지를 경영 또는 경작하는 자, 농업경영을 통한 농산물의 연간 판매액이 120만 원 이상인 자, 1년 중 90일 이상 농업에 종사하는 자'로 정의된다. '농어업·농어촌 및 식품산업기본법 제3조 제2호 가목'에 명시된 농업인 역시 이와 크게 다르지 않다. 다만 '영농조합법인 또는 농업회사법인의 농산물 출하, 유통, 가공, 수출활동에 1년 이상 계속 고용된 사람'까지 농업인으로 인정하고 있다.

농업인확인서가 생계를 보장하지는 않는다

농업인확인서를 받으면 국가로부터 받을 수 있는 혜택이 다양하다. 농지원부를 보유하고 8년 이상 자경이 입증되면 당해 농지의 양도소득세는 100% 감면된다. 농지원부를 등록한 뒤 2년이 경과한 후에 추가로 농지를 구입할 경우에는 취득세와 등록세가 50% 감면된다. 국민연금과 건강보험료도 50% 지원을 받는다. 물론 소득기준 등 최소한의 기준을 충족해야 한다. 또한 농가주택을 지을 수 있는 자격도 주어진다. 농가주택이나 창고를 신축할 때 농지전용부담금이 면제된다. 농기계, 비닐하우스, 면세유 등 보조금 지원 혜택도 받을 수 있다. 고등학생 자녀는 학자금이 면제되고, 대학생은 무이자 등록금을 융자해준다.

그런데 법적인 농부로 공인을 받는다는 말이 곧 이제부터 농사를 지어서도 먹고살 수 있다는 말은 아니다. 생각해보라. 과연 '1천 제곱미터의 농지에 농사를 짓거나, 연간 90일 동안 농사일을 하거나, 농산물을 한 해 동안 120만 원어치 판다고' 능히 먹고살 수 있겠는가? 그 정도로 한 가족농이 정상적으로 적자가 없는 가계경제를 영위하면서 원만하게 농촌에서 생활할 수 있겠는가? 단언컨대, "그렇다"고 자신 있게 답할 수 있는 귀농인이나 농부들은 극소수에 불과할 것이다. 그런데 왜 사람들은 자꾸 귀농해서 농사를 짓는 농부가 되려고 할까? 그런 나는 왜 농부가 되고 싶었을까?

한국의 평균적인 귀농인은 농부로만 살 수 없다

한국의 농부들이 농사만 지어서는 먹고살기 어려운 현실은 이미 통계적으로 증명된다. 통계청의 조사에 의하면, 한국의 평균적인 농부는 1.5ha의 농지에서 농사를 지어 한 해 동안 1000만 원가량의 농업소득을 얻을 뿐이다. 그리고 부업을 하든 품을 팔든 2500만 원 정도의 농외소득은 따로 벌어야 평균적인 농가소득 수준으로 먹고살 수 있다. 그러니까 평균적인 능력과 조건을 갖춘 귀농인이 귀농을 해서 일 년 내내 다른 일에 한눈팔지 않고 농사만 열심히 짓더라도 농업소득만으로는 먹고살기 어렵다는 설명이 가능하다. 하물며 우주의 이치와 섭리에 거스르지 않는 유기농으로 자연과 조화로운 생태공동체의 삶을 사는 순정하고 평화롭고 자유로운 전업농부의 가시밭길은 아무나 갈 수 있는 만만한 길이 아니라는 이성적인 결론에 다다르게 된다.

농사를 지어서 먹고살기 어렵다면 아예 귀농은 꿈도 꾸지 말아야 하나? 도시에 더 이상 살고 싶지도 않고, 도시에서 더 할 일도 없는데 어쩔 수 없이 죽을 때까지 잉여도시민으로 회색 콘크리트 성벽 안에 갇혀 살아야 하나? 무엇보다 농촌에서 산다고 꼭 농부로만 살아야 하나? 독일은 농부가 2%밖에 안 되는데 전 국민의 60%가 농촌에 산다고 하지 않던가. 여생의 50%는 농부의 삶을 살고, 나머지 50%는 그냥 농촌의 주민으로 생활하면 안 되는가? 그래서 나는 농사를 지어서 먹고살 능력과 조건이 안 되는 귀농인들이 농촌에서 마을주민으로 당당히 살아가는 방법을 오래 고민하고 궁리했다. 그건 바로 농부가 될 수 없었던 나 자신의 가장 절박한 숙제였다. 그래서 농사짓지 않고 농촌에서 살아가는 여러 가지 유형의 귀농인들을 '마을시민'이라 부르기 시작했다. 스스로도 당초 1지망이었던 농부로서의 삶에서, 2지망이자 차선책인 농촌의 주민 또는 마을시민으로서의 삶으로 과감하고 기꺼이 전환하기로 했다.

더도 덜도 말고 독일의 농부처럼

어차피 선진 농업국 독일, 오스트리아 등 유럽연합의 기준으로 하면 한국의 농업인은 농부라고 할 수도 없다. 독일에서 농민으로 인정을 받으려면 최소한 농가소득의 50% 이상은 농사를 지어서 벌어야 한다. 한국의 평균적인 농민의 연평균 농업소득은 농가소득의 30% 수준이니 사실상 농민이 아닌 셈이다. 또 독일의 농민은 농사일에 투여하는 농업노동시간도 50% 이상이 되어야 한다. 한국의 평균적 농민은 농업소득의 2배 이상을 농외소득으로 벌고 있으니 절반의 노동시간도 되지 않을 게 틀림없다. 무엇보다 독일에서 농부가 되려면 한국처럼 귀농학교를 며칠에서 몇 주 다니거나 농업기술센터의 농업인대학을 졸업한다고 해결되지 않는다. 한국처럼 1,000제곱미터의 농지를 빌려서 농업인확인서를 받아놓았다고 제 마음대로 농사를 지을 수도 없다. 농부가 되려면 정식으로 농업전문학교를 다녀야 하고, 졸업 이후에도 농업현장에서 수년간 실습을 마치고 농부자격고시에 합격해 자격증을 따야 비로소 농사를 지을 수 있다.

독일이 그렇게 농민의 자격조건을 까다롭게 만든 이유가 있다. 사람에게 가장 중요한 건 바로 먹을거리라는 투철한 농정철학과 사회적 가치관 때문이다. 농민은 국민을 위해 안전하고 건강한 먹을거리를 생산해 제공해야 하는 사회적 책무와 국가적 사명이 있다는 것이다. 그토록 중요한 국민의 먹을거리를 아무나 함부로 생산해서는 안 된다는 것이다. 그래서 독일에서는 자격증이 있는 2%의 농민들만 국민의 먹을거리를 농사지을 수 있다. 이처럼 독일에서 농부라는 직업은 일종의 특권이자 자부심이다. 65세에 정년퇴직하고 자식이 대를 이어 농업후계자가 되는 건 너무도 자연스럽고 자랑스러운 일이다. 죽어서 "나는 자랑스런 농부였다"고 굳이 묘비에 새긴다.

그래서 귀농하기 전에 농사를 전업으로 삼든, 반농반X를 하는 마을시민형 겸업농부를 하든, 우선 농사를 제대로 공부하고 훈련할 필요가 있다. 농부를 직업으로 삼을 수 있도록 가칭 '청장년 공익농민 농업전문학교' 정도의 정책적 지원과 준비가 선결되어야 한다. 가령 충남 홍성에 있는 풀무농업고등기술학교 같은 농업전문 교육기관을 농촌지역의 기초지자체마다 한 곳씩 두어야 한다. 그래야 평균적인 능력과 조건의 귀농인들이라도 제대로 농사를 배워서 제대로 귀농해, 제대로 농촌의 주민으로 정착할 수 있다. 물론 농사에 매달려 사는 순정한 전업농부가 되든, 농사만 짓는 게 아닌 마을시민 농부가 되든, 그건 각자 알아서 할 일이다.

내 손으로 집을 짓는 건축기술

마을목수는 집도 짓고, 마을도 짓고

농촌지역의 마을마다 건축물을 신축하거나 개조하는 공사 현장을 흔히 목격할 수 있다. 특정 개인의 주택이 아니라 마을주민 모두가 공유하는 공공건축물이다. 그건 농림부 등 정부와 지자체로부터 보조금을 받아 추진하는 농촌지역 개발사업의 산물이다. 마을주민들의 자부담은 거의 없는 경우가 많다. 단지 그 돈의 정책적인 목적에 맞춰 요령 있게, 효과적이고 합리적이게 잘 지출하기만 하면 된다. 물론 각종 서류와 증빙자료 챙기는 일이 그런 일에 익숙지 않은 농민들에게는 만만치 않지만, 대다수가 빈농인 마을주민의 호주머니에서 돈이 나가는 게 아닌 것만 해도 어딘가. 참으로 고마운 사업이다.

이제는 옛날처럼 마을주민 가운데 누가 목수를 자처해 직접 집을 짓거나 고치는 경우가 거의 없다. 그럴 만한 '솜씨 좋은 마을목수'도 마을에는 남아 있지 않다. 대개 외부의 토건업자들이 용역을 맡아 공사한다. 그런 일은 예전의 마을목수처럼 믿고 일을 맡길 만한 지역 업자들의 몫이 되었다. 사실 알고 보면 그들은 마을주민들의 고향, 학교 선후배 등 지인들이다. 그래서 거래관계를 넘어 기본적인 믿음으로 연결된다. 그런 사람 사이의 근본적인 믿음 없이 마을에선 어떤 일을 벌이면 안 된다. 그랬다가는 반드시 문제가 생기니 조심해야 한다.

돈도, 기술도, 사람의 믿음 문제가 해결된다 해도, 어쨌든 집을 짓는 일은 고역이다. 더욱이 농번기가 겹치면 이장이나 위원장은 이중삼중으로 스트레스를 받는 경우가 많다. 어서 시간이 흘러 공사가 끝나기만 기원할 뿐이다. 그렇다고 다른 마을사람이 나서서 도와주거나 거들 수도 없다. 무엇보다 집을 짓는 공정을 잘 모르고, 건축기술조차 없으니 다른 도리가 없다. 그저 이렇게 무능력을 자책하거나 후회하는 수밖에 없는 것이다.

"내 집은 내 손으로 지을 줄 알아야 하는데……, 최소한 불편하면 고쳐 사는 정도라도 할 줄 알아야 하는데……."

생태건축을 생활의 기술로 삼고 싶은 이유

요즘도 "지난날 집 짓는 생활기술을 제대로 배워두었더라면……" 하는 소용없고 어리석은 후회가 간혹 밀려온다. 한때 집을 지어서 머리는 쓰지 않고 몸만 부려서 먹고살려는 야심찬 사업계획을 추진한 적도 있기 때문에 더욱 아쉽고 안타깝다. 이름하여 '따뜻한 집'이라는 농촌형 사회적기업을 몇몇 귀농 동지와 더불어 꾸리려고 했었다. 무진장(무주, 진안, 장수) 등 지역사회에 삶터와 일터, 그리고 주력시장과 협력일꾼을 두고 생태건축과 생태마을 등을 연구하고 실현하려던 이른바 소셜벤처 창업계획이었다.

당당한 생업으로서, 또 생활의 터전과 떨어지지 않은 그 생태건축 일은 스트로베일 하우스(Strawbale house)라는 신개념의 생태건축물이다. 말 그대로 스트로(짚)와 베일(bale)의 합성어로서, 스트로베일(볏짚단)로 벽체를 쌓는 새로운 생태건축 공법이다. 스트로는 한국에서는 주로 볏짚을 말하지만, 미국이나 호주에서는 밀이나 보리의 짚 등을 사용한다. 베일은 가축용 사료로 쓰기 위해 직육면체로 짚단을 압축해 묶어놓은 것이다. 대략 가로 80cm, 세로 49cm, 높이 35cm의 크기로 20kg 이상 무게가 나간다. 이 베일을 마치 벽돌과 블럭을 쌓듯이 벽체로 쌓고, 그 표면에 황토흙이나 천연 페인트 등으로 여러 차례 미장해 마감하는 건축공법이다.

이렇게 짚과 흙으로 집을 짓는 스트로베일 생태건축의 장점은 귀농인이 선호하는 생태주택의 조건과 크게 다르지 않다. 우선 건축자재 등 재료의 생태성이 뛰어나다. 집을 해체해도 대부분의 주요한 건축자재들은 자연으로 그대로 돌아간다. 주요 건축자재인 볏짚은 논농사를 규모 있게 짓는 들이 너른 지역이면 어디서나 구할 수 있고 자재비도 그리 비싸지 않은 편이다. 탁월한 단열성이야말로 스트로베일하우스의 최대 강점이다. 그래서 '세상에서 가장 따뜻한 집'이라는 별명이 붙을 정도다. 굳이 따로 보온재를 쓰지 않아도 볏짚단 자체의 단열과 보온성이 뛰어나 여름에는 시원하고 겨울에는 따뜻하다. 황토만으로 지어진 주택에 비해 2~3배의 보온, 단열효과를 나타낸다고 한다. 에너지 낭비를 그만큼 줄일 수 있다는 말이다. 볏짚단이니 통기성도 탁월하다. 벽이 살아 있는 듯 숨을 쉬어 습도 조절이 잘 되고, 방 안에서 음식을 해 먹어도 냄새가 잘 배지 않을 정도다. 그뿐만 아니라 다른 생태건축 공법에 비해 시공법을 익히기도 어렵지 않다. 다루기 어려운 복잡한 장비나 숙련된 손 기술이 굳이 필요 없어서, 뜻이 통하는 지인들과 어울려 놀이나 잔치처럼 두레 방식으로 집을 짓기도 한다. 특히 베일을 쌓고 미장하는 단계에서 여러 명이 한꺼번에 품앗이 작업을 하면 공기와 비용도 효과적으로 줄일 수 있다.

과연 내 집을, 내 손으로, 잘 지을 수 있을까

그런데 이런 의문과 의심은 여전히 사라지지 않는다. "아무리 내 손으로 직접 어렵지 않게 집을 짓는 공법이 있다고 해도 내가 직접 집을 지을 수 있을까?" "아무리 건축학교에서 잘 가르친다고 해도 누구나, 얼마든지 쉽게 집을 지을 수 있을까?" 무엇보다 "집을 직접 짓는다면 그만큼 이득이 되기는 하는 건가? 괜히 시행착오와 오류 때문에 비용과 손해만 더 발생하는 건 아닌가?" 솔직히 기계와 공학을 몹시 불편해하는 나로서는 "그렇다"는 대답을 자신 있게 할 수 없다.

스트로베일하우스만 해도 어디서나, 싸게 구할 수 있는 볏짚단으로 집을 지으니 그만큼 건축비도 절감할 수 있다고 생각하는 이들이 많다. 하지만 그렇지 않다. 건축비용을 산정할 때 고려할 것은 단지 자재만이 아니다. 인건비, 시간 등이 더 유동적인 변수라 큰 비용 부담으로 작용할 수 있다. 일단 평당 건축비용이 얼마냐는 질문 자체가 어리석다. 가장 대답하기 곤란하고 어려운 질문이다. 같은 공법이라도 건축비를 좌우하는 수많은 요소와 변수들에 따라 비용이 많이 들 수도 적게 들 수도 있기 때문이다.

우선 스스로 지을지, 직영을 할지, 건축업자에게 맡길지 등 건축주체가 누구냐에 따라 건축비용은 천차만별이다. 또 집의 형태를 결정하고 소요 자재 등을 무엇을 쓰고, 얼마나 단순하고 소박하게 지을지도 중요한 변수다. 접근성이 좋은지, 길이 나지 않은 산골짜기인지 등 집의 입지도 비용 차이를 크게 만든다. 심지어 함께 집을 짓는 일꾼들끼리 호흡이 잘 맞는지, 날씨는 잘 따라주었는지도 영향을 미친다. 집을 짓는 모델하우스나 표준매뉴얼은 어쩌면 무의미하다는 말이다.

무엇보다 집을 지으려면 우선 '집'을 잘 알아야 한다, 집을 직접 짓지 않는다 해도 최소한 '건축이란, 주택이란 무엇인지'부터 배울 필요가 있다. 그런데 집이라는 구조물과 건축공법 그 자체를 배우기 전에 배산임수의 길지와 바람길, 빛과 별의 방향 등 집이 자리할 적지나 이치부터 잘 살필 수 있어야 한다. '사람 사는 집'이란 모름지기 자연의 풍수를 거스르지 않아야 하고, 사람의 분수에도 맞아야 하기 때문이다.

농촌의 집은 마을이고, 마을이 곧 집이다

가령, 농촌의 주택은 도시의 폐쇄되고 고립된 숙소 같은 주택과는 차원이 달라야 한다. 일(농업)과 삶(주거)이 하나 되는 열린 공간이라야 한다. 그러자면 집 담장 밖의 외부와의 연결과 소통이 중요하다. 농촌에서는 집이 곧 마을이고, 마을이 곧 집인 셈이다. 그러니 집 짓기(건축)를 안다는 것은 단순히 건축공법과 기술을 배운다는 말을 의미하지 않는다. "왜 그런 집이 필요한지"부터 깨달아야 한다. 혼자 책을 보고 머리로는 깨닫기 어려운 공부다. 집 짓는 기술을 가르치는 학교에서 몸으로 그리고 가슴으로 배울 필요가 있다.

전북 순창군 이동리에는 자연의 재료를 이용해 집을 짓는 마을목수를 양성하는 마을건축학교가 있다. 스스로 마을목수라 자처하는 흙건축연구소 살림의 김석균 대표가 운영하는 생태건축공방이다. 부인 이민선 씨도 건축설계를 전공한 동업자다. 비어 있던 농협의 창고를 개조해 살림집, 사무실, 교육장을 겸하고 있다. 여기에서 동네목수 양성 교육과 생태단열주택의 설계 및 시공, 이동식 흙집의 제작 판매 등을 주력사업으로 하고 있다. 특히 동네목수 양성 교육은 예로부터 마을사람들의 형편에 맞게 집을 짓거나 고쳐주던 그 지역의 농부이자 목수를 부활시키는 걸 목표로 하고 있다. 자연의 재료로 시골집 단열하기, 작은 집 짓기, 아궁이 개량하기, 버려진 팔레트로 농막 짓기, 적정기술·난방·생태단열, 흙미장 등의 프로그램이 진행된다. 쉬는 시간에는 '또랑광대'이기도 한 김 대표의 판소리도 노동요로 들을 수 있다.

　대안교육 전문가로 농촌의 현장에서 오래 활동한 박형규 씨의 '우리손작당' 역시 마을목수들이 모인 작은협동체를 표방한다. 내 손으로 자기 집을 짓고 싶어 집 짓는 법을 배운 귀농인들이 의기투합한 모임이다. 이제는 본격적으로 남의 집을 고치거나 짓는 일을 업으로 삼으며 살아갈 정도가 되었다. 우리손배움터라는 대안학교의 교장이던 박 씨는 아예 남원으로 삶터를 옮겨 전주, 완주, 광주 등지에서 생태건축과 적정에너지의 생활기술을 바탕으로 작은 집을 짓거나 고치는 일을 하고 있다. 여기에 목조주택 목수 '도스키신', 15년산 집수리와 원복가ㅓ를 만들어온 '쇼코비치곽', 얼치기야매 생태목수라 불리는 '브람스박', 가이아의 정원을 꿈꾸는 농부목수 '뿌농한' 등 4명의 마을목수가 힘과 기를 보태고 있다. 생활기술(적정기술)을 건축의 바탕으로 삼고, 자립과 우정의 환대라는 삶의 목표를 일의 목적과 일치시키는 작업을 하고 있다. 모두 삶과 일이 하나 되는 집 짓는 생활기술 학교이다.

글 짓고 책 만드는 생활기술

유기농법으로 글 농사를 짓는 책 농부

나는 마을학교를 열어 '글 짓고 책 만드는 교실'을 꾸리며 살아가는 게 여생의 작은 욕심이다. 마을은 물론 지역사회의 남녀노소 학생들이 이 교실에 모여 자신이 살아온 이야기와 나라는 사람의 이야기를 글로 쓰고, 책으로 펴내는 모든 과정을 함께하는 마을학교의 모습이다. 가능하다면 2시간짜리 12강으로, 4개월 정도를 1학기 강좌로 묶어 진행할 예정이다. 한 달에 5만 원 정도를 수강료로 받으면 1인당 20만 원, 한 열 명만 모인다면 200만 원의 농외소득이 창출되는 셈이다.

그런데 고민과 걱정이 있다. 과연 사람이 별로 살지 않는, 그것도 장노년이 주류인 농촌의 마을에서 10명의 수강생을 모집할 수 있을까? 그것도 정부나 지자체에서 지원하는 무료 '주민역량강화사업'의 일환이 아니라 공신력이 부재한 일개 민간인이 개설한 사설 강좌를. 더군다나 한 달에 5만 원을 받아 최소한 수지타산이라도 맞출 수 있을까? 설사 돈은 못 번다고 해도 적어도 손해를 보거나 빚은 지지 말아야 지속가능하게 마을학교를 꾸려갈 게 아니겠는가.

이런 고민을 하고 걱정이 들 때마다, 결론은 "너무 계산적으로 따지지 말고 그냥 일단 해보자"는 쪽으로 내려진다. 마을학교 같은 마을공동체 사업은 계산기를 두드리면 도저히 해서는 안 되는 일이기 때문이다. 그것도 '먹고사는 밥벌이의 고민'을 만성적으로 이고 사는 가난한 귀농인 처지에, 그런 각오도 없이 주제넘게 덤벼들지 말아야 할 공익적인 사업 영역이다. 그래서 배우고 가르치는 교육사업만큼은 '농사짓는 농업, 먹고사는 생업'처럼 마땅히 국가나 정부가 책임지고 지원해야 하는 국책 공익사업이었으면 하는 심정으로 자꾸 제안하고 주장하는 것이다.

어떻게 글을 써야 좋은 책이 될까

'글 짓고 책 만드는 교실'의 첫 시간은 '무엇을 쓸 것인가'를 주제로 한다. 책으로 펴낼 만한 나의 이야기를 발굴하는 것에서 시작한다. 나만 알고 있는 나의 이야기를 도대체 왜 글로 쓰고 책을 만들어서 남에게 보여줘야 하는지 납득할 만한 합리적인 이유부터 찾아야 한다. 나의 개인사와 사생활을 세상에 노출시켜야 하는 절실한 사연을 먼저 스스로에게 설명할 수 있어야 한다. 그게 아니라면 굳이 돈도 되지 않는 책을 지을 필요가 없다. 2강은 '어떻게 쓸 것인가'이다. 구체적인 책의 기획구성안을 작성하는 작업이다. 집을 잘 지으려면 설계도부터 잘 그려야 하듯, 책을 잘 지으려면 기획구성안이라는 집필 및 출판설계도를 잘 그려야 한다. 가목차를 짜고, 기승전결은 어떻게 배치하고, 글의 분량은 얼마나 써야 하고, 사진은 어떻게 어디에 배치할지 종합적으로 고민해야 한다. 책의 설계가 잘 되면 책은 반 이상 지은 셈이다. 3강은 '어디에 쓸 것인가'이다. 각종 인터넷신문, 잡지, 스토리펀딩 등 매체를 빌려 매주 회당 원고지 30매 정도로 6개월 정도 연재한다면 효과적으로, 체계적으로 책이 될 만한 글을 모을 수 있다. 물론 글감옥에 틀어박혀 몰아서 단번에 글을 쓸 수도 있지만, 전업작가가 아닌 평균적인 생활인으로서 그럴 만한 시간과 여유를 내기는 쉽지 않다.

 4강은 독자들에게 지은이는 누구인지 소개하고, 왜 책을 펴내는지 설명해야 한다. 진솔하게 고백하듯이, 마치 짧은 자서전이나 수기를 쓴다는 기분으로 풀어내면 좋을 것이다. 가식이나 과장이 보태진다면 독자들은 눈치채고 책을 읽지 않을 것이다. 5강은 '어디로 들어가서, 언제 나올 것인가'이다. 들어가는 글, 나가는 글을 써두는 시간이다. 그 책의 입구와 출구를 보면 책의 흐름과 목적지를 얼른 간파할 수 있다. 6강은 '무엇을 드러낼 것인가'이다. 제목, 부제목, 소제목을 뽑고, 박스와 사진 등을 따로 구성하는 연습을 해야 한다. 글만 쓰는 작가가 아니라 카피라이터나 편집디자이너의 입장에서 책을 바라볼 필요가 있다.

 7강은 '왜 잘 쓴 책인가'로서 이른바 베스트셀러, 스테디셀러를 살펴보는 공부가 필요하다. 사람들은 많이 읽는 책, 읽고 싶은 책이 꼭 좋은 책은 아니지만, 세상의 모든 책이 이 교실의 교재가 될 수 있다. 교재나 교과서가 따로 정해져 있는 게 아니라는 말이다. 8강부터 10강까지는 직접 글을 쓰고 서로 돌려 읽는 시간이다. 실전보다 더 좋은 연습은 없다. 글을 잘 쓰는 비법은 많이 읽고 많이 써보는 것이다. 소설가 김훈도 그랬을 것이고, 시인 기형도도 그랬을 게 틀림없다. 11강은 윤필과 퇴고, 마침내 12강은 출판사에 투고하거나 공모전에 참여하는 방식으로 출판에 도전하는 경험과 노하우를 공유하는 시간이다. 물론 내 돈은 들이지 않고 책을 내는 게 원칙이다. 그래야 최소한 남들이 기꺼이 돈을 내고 사서 볼 만한 책이 창조되지 않겠는가.

마을에서 작가로 먹고사는 방법

마을에서 작가로 먹고사는 방법은 녹록치 않다. 소농이 농사만 지어서 먹고 살기 어려운 이치와 다르지 않은 듯하다. 그래서 무명의 작가 처지로 글만 써서 먹고살겠다는 건 다소 비현실적이거나 과대망상에 가까워 보인다. 글만 써서 먹고사는 전업작가는 아마도 농사를 지어서 억대 수입을 벌어들이는 억대 농부보다 그 수가 적을 게 틀림없다. 그런 작가를 들은 적이 있으나 직접 대면하거나 목격한 적은 없을 정도다.

나는 전업작가는 아니지만 귀농 15년 동안의 기록이 8권의 책으로 남았다. 『오래된 미래마을』, 『마을시민으로 사는 법』, 『마을을 먹여 살리는 마을기업』, 『사람 사는 대안마을』, 『농부의 나라』, 『농촌마을공동체를 살리는 100가지 방법』, 『행복사회 유럽』, 『마을주의자』가 책으로 나왔다. 앞으로 착한 출판사와 유능한 편집자를 만난다면 『독일의 농부』, 『마을학개론』, 『농민에게 기본소득을』이 이어질 예정이다. 책값의 10% 정도를 받는 인세 수입은 더 이상 기대하지 않는다. 처음에는 좀 기대했다는 말이다. 이제는 차라리 없는 셈 친다. 그게 속이 편하다.

책에 새긴 콘텐츠를 바탕으로 〈KBS 라디오전국일주〉 등 방송을 통해 '마을공동체 이야기'를 나누고, 〈농민신문〉, 〈전북일보〉, 〈오마이뉴스〉, 〈프레시안〉 등 각종 신문에 '마을, 공동체, 농정'을 주제로 고정적으로 기고도 하고 있다. 〈귀농통문〉, 〈작은 것이 아름답다〉, 〈녹색평론〉, 〈작은책〉, 〈전라도닷컴〉 등의 잡지에도 부정기적으로, 또는 일회적으로 글을 싣기도 한다. 유명한 전업작가가 아닌지라 많은 돈은 아니지만 소정의 원고료를 받아 생활비로 보태고 있다. 더러 유기농산물을 원고료 대신 받아 살림에 요긴하게 쓰기도 한다. 원고청탁자가 말만 잘하면 재능기부를 하기도 한다.

"돈도 안 되는 책을 왜 쓰는지" 자문한 적이 있다. 이른바 마을을 알고 싶어 하는 이들을 위해, 마을로 내려갈 마음을 먹고 있는 이들을 위해 『마을 담문고Commune Books』를 한상 잘 차려놓고 싶다. 베스트셀러나 스테디셀러는 고사하고, 감히 교과서나 지침서도 못 될지언정, 어쩌면 누군가에게는 반면교사 정도로는 쓸모가 있을지 모른다는 생각이다. 나의 작가로서의 소임이나 책무는 그 정도면 된다. 자연농사나 유기농사를 짓는 순정한 농부의 자세와 심정이 딱 그 정도가 아닐까 생각한다.

책 농사로 농부와 마을을 지키는 출판사, 책방, 도서관

요즘 마을에는 마을출판사, 마을책방, 마을도서관 등의 형태로 자꾸 마을 속에 책이 들어오고 있다. 홍성 운월리의 그물코출판사는 2004년 자발적 하방을 했다. "재생용지만 사용해 생태주의 관련 책을 내고 신념에 맞지 않는 책은 만들지 않는다"는 원칙을 고수하는 작은 1인 출판사다. 감시하는 점원이 없는, 그래서 가끔 책 도둑도 출몰한다는 느티나무 헌책방도 함께 운영한다. 장은성 대표는 마을도서관인 밝맑도서관 사무국장도 겸하고 있다.

장수읍에는 오미자 농사를 짓는 귀농인이 내일을여는책이란 출판사를 차려 책 농사도 겸하고 있다. 교육과 관련된 책이나 사회적 울림이 강한 책들을 주로 내고 있다. 하동 악양에는 재미있는 이름의 출판사가 자리를 잡았다. 소설 『토지』의 무대로 귀농한 부부가 운영하는 출판사답게 상추쌈출판사이다. 도시의 출판사가 펴내기 어려운 책, 시골마을에서 살림을 꾸리는 사람들만이 펴낼 수 있는 책을 낸다는 사업계획이다. 이곳은 돈 대신 쌀로 인세를 정산하기도 한다.

괴산 외사리 미루라는 전원마을에는 작은 책방이 있다. 책방 주인인 백창화·김영록 부부의 살림집이기도 한 이곳은 부부가 도시에서 사립 어린이도서관을 운영하다 마을도서관을 열고자 귀농하며 만들었다. 하지만 우여곡절 끝에 도서관보다는 '숲속작은책방'이란 곳을 열었다. 주로 생태·환경·평화·여행·시골살이에 관한 책을 다룬다. 2층에 있는 앨리스의 다락방은 북스테이 공간으로 사용하여, 책을 좋아하는 사람만 묵을 수 있다.

홍성 운월리의 밝맑도서관, 괴산 이평리의 솔뫼농장 한쪽에 자리를 잡은 솔맹이골 작은도서관, 보건소를 개조한 상주 모동의 작은도서관 등 마을마다 도서관이 하나둘 들어서고 있다. 농사를 짓는 농부에게도, 농부의 아이들에게도 책은 필요하다. 책을 읽을 수 있는 여유와 전망이 필요하다. 비록 책 농사를 지어도 먹고사는 일은 막막하고 고단하지만, 작가가 되든, 출판사를 하든, 책방이나 도서관을 열든, 책 농사를 짓는 책 농부들도 마을에 필요한 마을시민들이다. 농부가 책을 읽는 나라야말로 사람 사는 농부의 나라일 것이다. 그래야 내 마을당문고도 돈이 좀 될 것이다.

생활의 질을 높이는 문화기술

글만 쓰고, 그림만 그리고, 생각만 하고 살면 안 되나?

"글만 쓰는 마을작가로 살면 안 되나?", "그림만 그리는 마을화가로 살면 안 되나?", "노래만 부르는 마을가수로 살면 안 되나?", "책만 읽는 마을선비로 살면 안 되나?" 그렇게 쉬거나 놀거나 생각만 하고도 능히, 당당히 먹고살 수 있는 방법은 없는가? 도시난민들처럼 맹목적으로 생업에만 탐닉하지 말고 문화생활에 몰입해서 살아가면 정말 안 되는 건가? 그러면 도저히 먹고살 수 없는 건가? 사람 구실을 할 수 없는 건가?

참 어리석고 답답한 질문이다. 반백 년 넘게 이 나라에 살면서 그렇게 하면 굶어 죽거나 바보 소리 듣기 딱 알맞다는 사실을 깨달은 지 오래다. 그럼에도 오로지 밥을 먹기 위해 일하며 살고 싶지는 않다. 설사 음지나 변방에서 민생고에 시달리더라도 하고 싶은 일을 하면서 사람답게 살고 싶다. 한시도 그런 소망과 염원을 잊거나 배반한 적이 없다. 물론 그렇게 살면 자본주의의 냉혹한 무노동 무임금 징벌의 자기장에서 벗어나기 어렵다는 사실은 잘 안다. 그래도 영혼이 있는 사람으로서 어쩔 수 없다.

하지만 자꾸 자신에게, 그리고 세상을 향해 묻고 따진다. "그냥 쉬거나 놀거나 생각만 하고 싶은 문화적 아웃사이더는 밥도 먹지 말아야 하느냐"고. "지구와 공동체를 파괴하는 일을 열심히 하는 토건개발주의자보다, 차라리 아무런 생산이나 개발도 하지 않는 문화예술가가 이 세상에 더 이로운 사람이 아니냐"고. 그렇게 지구와 사회를 지키는 생태적 마을주의자가 오히려 밥을 먹을 만한 명분과 가치가 있는 것 아닌가.

그렇다면 순정한 소농의 유기농사 일처럼 그런 공익적인, 이타적인 노동에 복무하는 국민에 대해서는 마땅히 국가나 정부가 나서서 최소한의 기본 생계를 보장해줘야 하는 것 아닌가. 문화적 생활을, 인간적 생존을 여유롭게 향유할 수 있도록 기본소득을 배당해야 하지 않나. 영국의 선각자 버트란트 러셀의 말마따나 노동은 신성하고 존엄하다는 자본주의의 노동윤리 이데올로기는 혹 악의적인 위선은 아닌가. 결국 지배자의 여가생활, 축재와 향락을 보장하기 위한 노예윤리는 아니었던가. '노동'은 무조건 옳은가.

제주도의 문화예술이주민들이 문화마을을

아무래도 뿌리 깊은 노동의 편견과 고정관념에 사로잡힌 국가나 정부의 각성과 성찰을 기다리는 건 막연하다는 정치적 판단이 든다. 그래서 또 마을이다. 마을공동체에서, 지역사회에서 먼저 '노동으로 먹고사는 법'을 대체할 수 있는 '생활문화로 먹고사는 법'을 실험하려 한다. 문화의 기술이나, 예술의 기술로도 능히 마을에서 먹고살 수 있는 해법, 그 어리석고 순진한 꿈과 과제를 풀어보려 한다.

이런 '농촌 생활문화 마을공동체'에 대한 꿈의 운명과 미래는 제주도에서 미리 엿볼 수 있다. 오늘날 제주도에 불어닥치고 있는 문화예술이주민 현상을 주의 깊게 살펴보면 보인다. 지난해 '사회적자본을 활용한 제주지역 농촌공동체 활력화 방안' 연구는 문화로 마을에서 먹고사는 방법을 타진해볼 수 있는 좋은 기회가 되었다. 육지 것에서 제주도민으로 전향한 다양한 문화예술이주민들의 생생한 생활상을 목도할 수 있었기 때문이다.

서울 등의 도시에서 제주도로 자발적으로 이주한 문화예술유목민 청장년들은 대개 육지에서부터 문화와 예술을 공부하고 복무하던 무리들이 주류를 형성하고 있는 것으로 보인다. 아마도 문화예술을 하기 좋은 유럽쯤으로 건너가고 싶으나 형편이 여의치 않아 대신 차선책으로 제주도를 선택하는 게 아닌가 짐작하고 있다. 그래서 제주도 원주민들 사이에는 '놀다가 곧 돌아갈 육지 것'이라는 냉정한 시선이 없는 게 아니다.

문화예술이주민들은 도시지역보다는 주로 애월, 조천, 성산 등 도시의 외곽, 농산어촌, 한라산 중산간지역에 터를 잡는 경향이 있다. 아무래도 해안은 습기와 바람이 많아 주거환경이 쾌적하지 못하고 관광지로 개발되어 있어 부동산을 얻기도 비싸기 때문이다. 그래서 농산촌마을의 창고 등 유휴시설을 리모델링해 개인 작업실, 공방 등을 비롯해 갤러리, 카페, 게스트하우스 등을 여는 경우가 적지 않다. 작품활동도 하면서 생활과 생업의 공간을 공유할 수 있는 현지 정착모델을 시험하고 있는 셈이다. 나아가 제주도의 토착 원주민과 도시의 이주민들 사이에 문화와 예술을 테마이자 연결고리로 한 다채로운 협동과 연대의 네트워크도 속속 이어지고 있다. 특히 젊은 청년 문화이주민들을 중심으로 플리(Flea)마켓과 프리(Free)마켓이 곳곳에서 펼쳐지고 있다. 가령 가수 이효리 씨가 움직이는 동선마다 명소가 되는 진풍경이 벌어지는 지경이다. 장터와 작품전시회와 공연이 어우러진 복합적인 문화축제의 장도 수시로 벌어진다.

결국 제주도로 건너간 문화예술이주민의 미래는 제주도 원주민과 어떻게 '연결형(Bridging) 또는 관계형(Lingking) 사회적자본'을 개발하고 공유하느냐에 달려 있는 듯하다. 다행히 제주도의 토착 원주민과 육지의 이주민들 사이에 농업 외에 문화예술, 생활기술, 생태환경 등의 분야에서 이른바 제주도식 연결형 및 관계형 사회적자본 기반의 마을·지역사회 공동체 모델 사례들이 속속 출현하고 있다.

섬에서 문화예술로 먹고살다니, "재주도 좋아"

우선 지역 환경의 재생과 문화예술을 결합한 비치코밍(Beach Combing), 이주민과 지역주민의 교류와 소통의 역할을 하는 프리마켓, 문화예술 테마마을 및 문화예술 공방 등의 선도적이고 혁신적인 실현지가 눈에 먼저 들어온다. 그중 제주시 애월읍 봉성리에 터를 잡은 '재주도 좋아' 문화이주민 그룹의 활동은 단연 기내를 모은다. 2012년 제주 애월의 해너학교에서 만난 문화예술인 5명이 함께하는 비치코밍 공방 '반짝반짝 지구상회'는 2014년 제주 문화예술재단의 빈집 프로젝트 지원금 1억 원을 받아 비어 있던 마을의 감귤선과장을 개조한 것이다.

서울, 삼척, 부산 등지에서 제주도로 이주한 이들은 그중 4명이 제주에서 결혼해 가정까지 꾸려 제주도민으로 정착했다. 이들은 정몽구재단 H-온드림 펠로의 지원으로 제주도 협재해변에서 '바라던 바다'라는 프리마켓 장터도 매년 벌이고 있다. 문화예술을 주제이자 고리로 삼아 지역의 환경을 재생하고 교류를 활성화하는 활동이 사회적 공헌도가 높다는 평가를 받은 것이다. 봉성리마을 안에서는 마을주민들이 강사로 나서는 농사체험, 전통음식 체험교실 등도 함께 여는 등 마을공동체 사업에도 적극 동참하고 있다.

서귀포시 표선면 가시리마을은 제주도는 물론 전국적으로도 대표적인 문화마을로 명성이 자자하다. 200만 평에 달하는 마을 공유목장 터에 전국 최초의 리립 조랑말박물관을 비롯해 조랑말체험공원을 조성하고, 리사무소 옆에는 가시리문화센터를 운영하고 있다. 육지에서 건너온 다양한 문화예술인들이 마을공동체 사업에 결합했음은 물론이다. 제주시 한경면 저지리는 예술인마을로 불린다. '탐라표류기'라는 문화예술이주민 그룹이 터를 잡고 있다. 역시 마을창고를 문화예술공방, 레지던시 등으로 개조해 사용하고 있다.

또 제주도의 농촌지역으로 이주해 친환경농사학교와 작은책방 등을 복합적으로 운영하는 생태적, 평화적 시민운동단체, 유휴창고를 개조한 공간에서 문화예술 테마 도농교류 및 직거래 프로그램을 운영하는 농촌관광 거점 마을, 생활기술 직업전문학교의 선행 사례가 될 수 있는 목공방과 로컬푸드 요리학교(식당) 등도 속속 출현하고 있다.

서귀포시 안덕면 서광동리는 마을카페 '감귤창고'를 중심으로 복합문화공간, 게스트하우스, 공연장 등을 통해 문화예술 테마의 도농교류 거점 마을로 재생되고 있다. 제주시 애월읍 수산리의 '신샘공방' 역시 농협 선과장을 개조한 목공방이자 목공교실로 '그냥장터'라는 프리마켓도 운영하고 있다.

특히 이주 청년들의 제주도 정착을 지원하는 2년제 생활기술 중심 대안대학을 표방하는 서귀포시 성산읍 신산리의 '지구마을평화센터'는 이른바 '지역사회 생활기술 직업전문학교'의 실험적 선례로서 그 의미와 가치가 크다. 남은 과제는 육지의 문화예술이주민들과 제주도의 원주민들을 서로 씨

줄 날줄로 이어주고 엮어줄 수 있는 연결형, 관계형 사회적자본을 어떻게 발굴하고 개발하느냐일 것이다. 그게 결국 '문화예술로 섬마을에서 먹고살 수 있느냐'의 성패를 좌우할 열쇠로 작용할 것이다.

진주의 문화예술단 '큰들'은 수십 명의 상근단원들이 사천 작팔리의 '본부 큰들'을 중심으로 함께 생활하고 있다. 1984년에 창단하여, 풍물과 마당극 등을 주요 레퍼토리로 진주, 산청, 창원 등 경남은 물론 전국을 무대로 공연을 벌이고 있다. 지난 30여 년 동안 이곳에서 풍물 강습을 받은 지역주민만 수만 명에 이를 정도다. 수입이 풍족할 리 없는 문화예술사업이지만, 극단 자체 예산으로 유류비, 교육비, 자녀 양육비 등의 복지 혜택을 단원들에게 제공하고 있다. 산청 지리산 자락에다 문화예술을 필생의 화두로 삼아 일과 삶을 함께하고 있는 단원들이 일상과 일생을 공유할 문화예술 공동체마을을 조성하고 있다.

남원 산내면의 '문화기획달'에서는 농촌으로 내려간 여성들이 지역에서 다채로운 문화예술 활동을 도모하며 함께 자립을 꿈꾸고 있다. 일종의 여성주의 문화공동체라 할 수 있다. 창작생활공간 '살롱드마고'에서는 다양한 문화예술 교육과 활동, 출판사업을 펼치고 있다. 지리산에 사는 여성들의 글과 그림을 모아 계간지 형식으로 발간하는 지역의 독립잡지, 자칭 생활밀착형 B급 교양문예지라 부르는 '지글스'도 발행하고 있다. 이처럼 농촌에 새로운 의제를 던지면서 지역과 여성의 일상을 풍요롭게 가꾸어나가고 있는 문화기획달은 지역사회의 따뜻한 평가와 환대를 받고 있다.

지역사회를 바꾸는 운동기술

혼자만 잘 살면 아무 재미가 없다

최근 100억 원의 사업비를 들인 의성 단촌면의 농촌프로젝트 시범사업 기본계획에 참여한 적이 있다. 기존의 정부 지원사업과는 출발점부터 확연한 차이를 두었다. 사업의 주체를 추진(운영)위원회가 아니라 귀농인과 지역주민이 공동으로 설립한 협동조합으로 설정했다. 마을공동체 사업 등 농촌지역 개발사업의 관리와 경영을 책임질 명확한 사업주체를 먼저 확실히 세워두고 사업을 시작하려는 목적이었다. 그동안 기존의 방법이나 관행처럼 책임을 지고 싶어도 책임을 질 권한이나 방법이 마땅치 않은, 사업조직의 실체도, 실무구성원도 없는 운영위원회나 마을회에 무겁고 어려운 짐을 떠넘겨서는 사업이 성공할 수 없기 때문이다. 마을이자 지역의 공동체 사업은 죽이 되든 밥이 되든 구성원 모두가 함께 책임과 의무를 나눠야 한다는 기본인식과 책임부터 공유할 필요가 있었다.

현실적으로는 영농조합법인이 설립하기 더 수월하고 만만할 수 있다.

특히 농촌의 사업현장에서 면세·감세, 정책보조금 등 영농조합법인이 주는 현실적 이득은 무시할 수 없는 것이다. 그럼에도 굳이 협동조합으로 법인격을 정한 이유는 분명하다. 일부 농민, 마을주민만 참여하는 일이 벌어지지 않았으면 하는 바람이 크기 때문이다. 무엇보다 지역이기주의 안에 갇혀 우리끼리만 고립적이고 배타적인 사업을 하고 싶지 않았다. 결국 잠재적 이용자이자 소비자인 지역의 주민들도 함께 동참하는 열린 공동체 사업으로 발전하고 싶은 것이다. 무엇보다 협동조합을 위한 협동조합은 하고 싶지 않다. 설립부터 협동조합의 7원칙에 입각해 매뉴얼대로, 정석대로 협동조합에 임하고 싶다. 그냥 대충, 좋은 게 좋은 것, 주먹구구식으로 협동조합을 하고 싶지는 않다. 자발적이고 개방된 조합원 제도, 조합원에 의한 민주적 관리, 조합원의 경제적 참여, 자율과 독립, 교육, 훈련 및 정보 제공, 협동조합 간 협동, 지역사회에 대한 기여라는 7원칙을 정확히 숙지하고 저마다 가슴에 각인한 채 시작하고 싶은 것이다.

협동조합을 지역시장과 커뮤니티의 허브로

이렇게 지역에 있는 협동조합은 마을 안에 갇히는 걸 경계할 필요가 있다. 일단 특별한 자원이나 자산이 없는 마을 안에서, 마을주민들끼리 고립적, 배타적으로 할 만한 사업이란 게 별로 없다. 최소한의 규모와 범위의 경제도 이루어지지 않는 여느 마을과 지역처럼 소꿉장난이나 동아리 활동 같은 사업을 하고 싶은 게 아니라야 한다. 지역에서, 외부에서 마을을 찾아와 내부와 외부가 서로 소통하고 상생해야 비로소 협동조합의 사업은 의미도 찾고 정상화될 수 있다. 설사 요행히 마을사업이 수지타산도 맞추고 유명해진다 한

들 혼자만 잘 살면 아무 재미가 없을 것이다. 그래서 협동조합의 7번째 원칙대로 '지역사회에 대한 기여'를 늘 염두에 두어야 한다.

개인적으로 일찍이 마을보다 지역에 더 방점을 찍고 사업을 구상했다. 2003년 가을, 진안의 산골마을로 생태공동체 건설패 풀씨네란 이름을 걸고 단체 하방하면서 이른바 '무진장' 트라이앵글 지역공동체 네트워크 사업계획을 세운 적이 있다. 마침 그 마을이 무주 안성면, 진안 동향면, 장수 계북면이 만나는 지정학적, 지역학적으로 흥미로운 입지였기 때문이다. 그때의 사업계획에서도 '학교'가 우선이고 중심이었다. 그때나 지금이나 마을에는 일할 사람이 없다. 마을시민을 키우는 일이 우선이다. 마을공동체 사업을 이끌어나갈 마을지도자, 여러 가지 과업과 책무를 능히 수행할 수 있는 다종다양한 마을전문가들을 키우는 '마을어른학교'를 핵심사업으로 상정했다. 그리고 대안교육과 실용교육을 기조로 하는 '마을어린이학교'도 그에 못지않게 중요시했다. 그리고 친환경농사를 짓는 '마을농장', 건강한 먹거리를 가공하는 '마을공장', 생태적인 콘텐츠와 프로그램을 창조하고 생산하는 '마을문화원' 등이 주요 과제였다.

하지만 아쉽게도 앞에서도 이야기했듯이 계획은 실현되지 않았다. 공동귀농한 9명의 생각과 목소리 그리고 속도와 방법론이 서로 달랐다. 무엇보다 그 일로 9명의 생계가 해결된다는 보장이나 전망이 전혀 보이지 않은 게 본질적인 화근이다. 그때 다소 무리를 해서라도 서로가 서로를 책임져야 하는 협동조합 같은 법적 사업조직부터 구성했다면 결과가 어땠을까 하는 반성과 후회를 한 적이 몇 번 있다.

독일의 협동조합에서 다시 배우자

독일 농촌을 농부가 살기 좋은 곳으로 만드는 유력한 장치 가운데 하나가 협동조합이다. 무엇보다 독일 농가의 90%를 차지하는 가족농들은 개별적으로 수익성이나 상업성만 좇으며 경쟁하지 않는다. 혼자 잘났다고 독점하거나 욕심을 내며 고립되지 않는다. 농업학교를 졸업한 2%의 최정예 농민들은 생산자조합(gemeinschaft), 농업협동조합(genossenschaft)을 이루어 서로 유기적으로 협동하고 연대한다. 함께 농사짓는 게 혼자 하는 것보다 모두에게 더 이롭다는 사실을 경험과 이치로 잘 깨닫고 있다.

독일 슈베비쉬 할(schwäbisch Hall) 농민생산자조합(baueriche erzeuger gemeinschaft)은 이 같은 독일 협동조합의 표본이자 전범이다. 슈베비쉬 할 지역은 인구 3만6천밖에 안 되는 작은 목가적 도시이지만, 농민생산자조합이 위치한 볼퍼츠하우젠(bolpertshausen) 마을 때문에 전국의 농업 명소가 되었다. 부설 호헨로에 지역농민시장(hohenlohe regional markt)도 유기농 직판장으로 유명해 전국에서 손님과 견학단이 몰려온다.

애초 이 조합의 설립목적 자체부터 농업의 규모화나 기업화가 아니라 지속가능한 농업이었다. 1980년대 초반, 멸종위기의 지역특산 재래종 돼지였던 '슈베비쉬 할리쉬' 종을 되살리자는 데 몇 명의 농부들이 뜻을 모았다. 비계가 두꺼운 특성을 가진 그 돼지를 상인들이 사가지 않자, 이를 고민하던 농민들이 자구책으로 직판을 시작했다. 이어 1986년에는 '돼지육종협회'를 본격 설립했다. 당시 불과 8명의 조합원이 모였을 뿐이다. 1988년에는 마침내 농민조합으로 발전하고, 이후 조합의 성공 신화를 쓰기 시작한다. 2000년에 조합도축장을 자체적으로 설립하고, 2007년에는 호헨로에 지역농민시장을 개장했다. 특히 2011년 소시지 공장을 설립한 건 조합의 성장사에 중요한 전기를 제공한다. 이때 설립자금 600만 유로 가운데 100만 유로를 정부에서 지원받은 게 큰 힘이 되었다. 이를 계기로 지역뿐 아니라 독일 전역을 대상으로 농식품을 판매하게 되면서 안정적인 경영의 발판을 마련할 수 있었기 때문이다.

이처럼 30년 넘게 줄기차게 양적, 질적 성장을 거듭한 조합은 2014년 말 현재 1,450명 생산자 조합원의 규모로 성장했다. 연간 매출은 1억200만 유로에 달한다. 조합원 가운데 35%가 유기농가다. 기업농은 조합에 가입할 수 없고, 오직 가족농 생산자만 가입할 수 있다. 가입하려는 생산자들이 줄을 잇지만 조합 가입요건이 A4용지 10장 분량에 달할 정도로 문턱이 높아 아무나 조합원이 될 수 없다.

경상, 전라, 충청 3도를 협동과 연대로 묶자

최근 농촌지역에는 협동조합, 중간지원조직 등을 중심으로 운동권들의 움직임이 활발하다. "혼자만 잘 살면 재미가 없다"는 사실을 진작 깨닫고 지역사회를 재생하고 활성화시키는 일에 손을 걷어붙이고 있다. 특히 도시에서 농민운동, 시민운동, 환경운동, 교육운동, 인문운동 등을 주특기로 삼았던 귀농인들이 선두에 섰다. 각 지역에서뿐만 아니라, 이들이 각 지역의 거점이 되어 전라도, 경상도, 충청도가 종횡으로 묶고 엮이는 전국적 네트워크도 가능하리라는 점에서 기대가 크다.

경북 상주시의 상주귀농·귀촌정보센터는 최근 공동체 지원사업과 귀농·귀촌 지원사업을 통합, '상주공동체귀농지원센터'를 출범시켰다. 이곳은 행정과 협력하는 민간 주도의 중간지원조직을 추구한다. 상주농민회, 상주

환경농업협회 등 그동안 지역에서 자생하던 관련 그룹들이 지역을 살리는 관계망을 맺고 '상주다움'의 자치와 연대를 실현하겠다는 포부다. 지역공동체포럼, 공동체귀농학교, 지역 대안장터, 세월호 추모제, 생활기술 워크샵 등을 수시로 열고 지역커뮤니티의 결속력과 지역공동체 사업의 추진력을 다지고 있다.

마을공동체 사업의 선도 사례지 충남 홍성군에는 (사)홍성지역협력네트워크가 출범했다. 홍성 지역의 민간단체들이 모여 마을 만들기 중간지원조직을 만든 것이다. 지역협력네트워크의 비전은 지역이 지역의 힘으로 발전해갈 수 있도록 지역 내외의 자원을 네트워킹하는 것이다. 구체적으로 마을공동체의 활성화와 협동사회경제 시스템 구축, 지역의 다양한 단체들과 협력 및 소통, 행정과 민간 활동의 사이에서 가교 역할 등을 자임하고 있다. 특히 외지 컨설팅용역업체의 부작용과 한계를 중간지원조직을 통해 극복할 수 있을 것으로 기대된다.

전북 남원의 지리산 자락에는 '사람과 사람, 사람과 마을, 마을과 세계를 잇는 지리산 공동체'가 꿈틀대고 있다. 산내면을 중심으로 활동하고 있는 사회적협동조합 '지리산이음'이다. 100가지의 생각을 하는 100명의 사람이 지리산에서 모여 2박3일 동안 자신의 이야기를 나누고 모으는 '지리산이음 포럼', 시골생활을 꿈꾸는 사람들과 마을생활 현장에서 만나는 '시골살이학교', 지리산권 커뮤니티를 조사하고 공정여행 프로그램으로 연결하는 '지리산여행협동조합', 지역의 사랑방이자 플랫폼 '지리산문화공간 토닥' 등의 다채롭고 혁신적인 마을시민운동이 한판 벌어지고 있다.

넷.
마을을 먹여 살리는 정책 제안

무엇보다 요즘 마을공동체와 사회적경제의 통합 필요성, 타당성에 관한 현장의 요구와 논의가 활발하다. 사회적경제와 마을공동체가 공히 안고 있는 정책 의존성, 이로 인한 자생적 사업성의 한계는 두 영역의 연계 또는 통합이 미룰 수 없는 숙제임을 말해준다. 사회적경제가 능히 자립하고 자생하려면 정책의 지원목적에서 벗어나 독자적인 사업성을 확보할 수 있어야 한다. 국가와 정부의 통제와 간섭에서 벗어나 지역사회 공동체에서 자구책을 마련할 수 있어야 한다. 그렇게 마을·지역공동체 내부에서 재화와 서비스가 선순환될 수 있어야 한다. 지역공동체의 이웃을 믿을 만한 비빌 언덕이자 최후의 보루로 삼아 독자적인 시장과 활로를 발굴하고 개척할 수 있어야 한다.

생활기술을 배우는 학교

먹고사는 생활기술을 가르치는 직업학교

귀농인이 급증하고 있다. 도시와 직장에서 제 소임과 유효기간을 다하고 슬슬 물러나고 있는 베이비부머만 700만 명 넘게 대기하고 있다. 2011년 1만 가구를 돌파한 이후 2014년까지 최근 4년간 귀농인구의 증가세는 약 4.26배로 폭증세를 보이고 있다. 2001년 이후 누적치는 13만4천여 가구에 이른다. 비록 통계의 착시와 정의의 오류 때문이지만, 2015년 도시를 벗어나 농촌지역으로 이주한 귀촌인만 30만 가구가 넘는다. 그런데 과연 귀농은 자본주의와 신자유주의에 지친 현대 도시민의 대안적 삶의 출구가 될 수 있는가? 국가와 도시의 삶에 억눌리고 지친 국민들에게 마을과 농촌의 삶은 숨통을 트여주는 돌파구가 될 수 있을 것인가? 기대는 크지만 여전히 확신이 서지 않는 어렵고 답답한 질문이다.

그럼에도 귀농인의 존재와 가치는 중요하다. 사람이 없는 농촌과 지역사회의 새로운 사회적자본이라는 사실은 틀림이 없기 때문이다. 이미 지역마다, 지차체마다 '혁신적 연결망을 구축하는 인적자본'으로서 얼마든지 환영받고 있다. 사람이 너무 많아 생기는 도시의 문제, 사람이 너무 없어 생기는 농촌의 문제를 동시에 해결할 주요한 열쇠이자 고리의 역할을 담당하고 있다. 다만, 개별적 귀농인들이 저마다 지역에서 생활하고 정착할 준비를 얼마나 잘 하고 있는지는 의문이다. 농촌마을 및 지역사회 공동체를 재생하고 활성화시킬 만한 사회적자본으로서 마음가짐과 역량을 갖추고 있는지도 미지수다. 사회적자본은 고사하고 독립적 가계를 제대로 꾸릴 수 있는 최소한의 먹고사는 기술은 갖추고 있는지 아무래도 불안하다. 안타깝지만 아마도 대부분 그렇지 않을 것이다.

그림11. 농촌에서 생활하는 기술을 배우는 순창의 농촌생활학교

마을에서 먹고사는 기술은 어디서, 누가 가르치나

대다수 귀농인들은 지역에서 먹고사는 기술과 지역의 사회적자본으로서의 역량을 배운 적이 거의 없다. 오로지 도시의 각급 학교에서 시험을 잘 보는 기술과 친구를 이기고 나만 살아남는 기술만 집중해서 배웠다. 각종 학원에서는 취직을 잘 하는 기술이나 상사의 말을 잘 듣는 기술, 자본의 노예로 사는 기술만 열심히 익혔다. 생활현장과 지역사회 공동체에서는 쓸모가 거의 없는 죽은 지식과 정보를 암기하는 데 몰입하고 매진했다. 결국 학교는 바보와 겁쟁이만 양산하고 말았다. 농촌과 지역의 원주민들은 더 말할 나위도 없다. 평생 '먹고사는 문제'를 업보나 운명처럼 여기고 살았다. 무엇보다 지역의 사회적경제는 물론 마을·지역사회 공동체의 사업목적까지 책임질 만한 지역사회 전문가가 너무 부족하거나 빈약하다. 운동만 알고 사업을 모르는, 행사와 과정에만 집중하고 생활현장과 결과는 책임지지 않는 비전공자와 무경험자가 전문가 행세를 하는 지역과 기관이 적지 않다.

　지역의 공동체와 사회적경제 일을 능히 맡아 할 최적임자는 경제학자도, 행정공무원도, 복지운동가도, 벤처사업가도, 토건기술자, 컨설턴트나 연구원도 아닐 것이다. 사회적경제(Community Biz)의 사회(community)와 마을(지역사회) 공동체의 사회(commune)를 두루 잘 공부하고 훈련한 마을과 지역사회 공동체 현장의 청장년 지역사회 전문가라야 할 것이다. 그래서 가칭 '청장년 지역사회 전문가 및 생활기술자 직업전문학교'를 지역마다 세울 필요가 있다.

지역사회를 먹여 살릴 생활기술 직업전문학교를

그렇게 지역에서 나도 먹고살고, 남과 이웃도 먹여 살릴 수 있는 직업적 생활기술을 가르쳐야 한다. 그러자면 체계적이고 실용적인 학교와 교육프로그램부터 개발해야 한다. 농사짓는 법, 집 짓는 법, 음식 조리하는 법, 옷 짓는 법, 가구를 짜는 법, 에너지를 자립하는 법, 술을 빚는 법, 장사하는 법, 책을 쓰는 법, 그림을 그리는 법, 아이들을 돌보고 가르치는 법, 노인과 장애인을 보살피는 법, 마을공동체와 사회적 경제를 연구하는 법 등 먹고사는 데 절실하게 필요한 생활기술에 집중할 필요가 있다. 지역사회에서 필요로 하는 다종다양한 지역사회 전문가를 체계적이고 심층적으로 교육하고 육성할 '학교 밖 학교' 프로그램이라야 한다.

이때 각 광역 및 기초 지자체는 하드웨어(부지, 건축물 등)와 예산을, 지역의 대학은 소프트웨어(교육프로그램, 지식정보콘텐츠, 교육멘토 등)와 청년인력, 교수요원 등 인적자원(Humanware)을 투자하는 호혜적 공조·협업 방식의 프로젝트 방식이 바람직할 것이다. 그런 직업전문학교에서 1~2년 동안 서로 가르치고 배운 학생들은 말 그대로 '지역사회 전문가'와 '생활기술자'로 거듭날 수 있다. 저마다 졸업하고 지역에 터를 잡으면 마을 및 지역사회 공동체 그리고 협동조합, 사회적기업 등 사회적경제 조직을 관리하고 경영하는 유능하고 책임감 있는 일꾼이 될 수 있을 것이다. 동시에 학교에서 익힌 저마다의 생활기술을 직업 삼아 안정되고 지속가능한 가계도 얼마든지 꾸릴 수 있을 것이다. 지역에서 먹고사는 두려움과 불안감은 생활기술을 익히며 지역사회 전문가로 훈련받는 동안 모두 해소될 것이다.

행복한 국민은 행복한 학교에서부터

세계에서 가장 행복한 나라 덴마크는 '폴케호이스콜레'와 그룬투비를 빼놓고 설명할 수 없다. 일종의 농민학교인 폴케호이스콜레는 170여 년 전 덴마크 교육의 아버지라 불리는 니콜라이 그룬트비가 시작했다. 1864년 그룬트비가 살던 덴마크는 국토와 국민의 3분의 1을 독일에게 빼앗겼다. 당시의 국가적 위기를 극복한 출발점이 바로 폴케호이스콜레 운동이었다.

당시 폐허의 덴마크를 재생하고 재건한 주역은 국민의 75%를 차지하던 농민이었다. 그룬트비는 농민과 민중의 정신을 일깨우기 위해 '삶을 위한 학교'를 구상했다. 폴케호이스콜레 운동은 국토개간과 협동조합 운동으로 확산되었다. 공병대위 달가스가 주도한 국토개간 운동으로 새로 2만5천 호의 농가가 만들어졌다. 폴케호이스콜레를 졸업한 농민들은 1866년 덴마크 최초의 협동조합(생협)을 설립했다. 오늘날 폴케호이스콜레는 덴마크 전역에 100여 개가 있다. 대개 전교생 수십 명 정도의 작은 학교이다. 이수학점도 없고, 시험도 없고, 수여되는 자격이나 학위도 없다. 교사와 학생이 기숙사에서 공동으로 생활하면서 수업과 토론, 실천, 실습, 생활을 통해서 자기를 발견하고, 자신의 길을 찾는다.

학교 체계는 유치원, 초등학교에 해당하는 프리스콜레, 기숙형 중학교인 애프터스콜레, 폴케호이스콜레가 있고, 그 상위에 일반 초·중등학교에서도 가르칠 수 있는 교사 자격을 취득하는 사범대학과 학위를 취득할 수 있는 연구소인 폴케아카데미가 있다. 모두 사립학교로서 정부의 재정지원은 받지 않는다. 그래서 인사나 교과과정, 수업내용에 대해서 일체의 간섭을 받지 않는다.

폴케호이스콜레형 농민학교를 지역마다

우리나라에도 폴케호이스콜레 같은 농민학교가 있다. 홍성 풀무농업고등기술학교다. 기독교 정신을 바탕으로 "경쟁 시험 교육을 거부하고 인문적 교양과 가치관, 일을 배워 생각하고 일하는 전인적 농민"으로서 '생각하는 농민'을 기른다. 또 "학교 자체가 농사를 지어 자급하는 생태적인 마을이 되어, 마을의 생활을 통하여 생산, 가공, 유통, 문화 등 농사를 짓는 마을의 모든 기능을 배우는 학교농촌"을 지향한다.

풀무학교는 지역사회에 열린 학교다. 학교의 모든 강의는 주민에게 개방하고, 주민이 현장 교사가 되고, 지역의 여러 기관이나 농장이 교육현장이 되

그림12. 농사짓는 기술을 가르치는 홍성풀무농업마을대학

어 평생교육의 중추 역할을 하며 지역의 종합적 발전을 주민, 기관과 함께 모색한다. 무엇보다 "우리 농업의 장래는 생태친화적이고 자립하는 소농이 모여 협동하는 마을 만들기에 있다는 생각에 바탕을 둔" 소농의 협동사회를 추구한다.

일종의 농업대안대학 과정인 환경농업전공부 학생들은 자기실현과 더불어 사는 삶을 배우고 환경친화적인 생활양식을 익히기 위해 1년 이상 기숙사에서 공동생활을 한다. 오전에는 인문 수업과 전공 등 이론 수업을 하고, 오후에는 학교 농장에서 실습을 한다. 인문과목은 인간교육의 기본이 되는 종교, 문학, 역사, 예술 등 인문교양과목을, 전공과목은 지역의 특성에 따른 논농사 중심으로 원예, 축산, 과수 등 유기농업, 생태농업을 배운다. 이론과 실제가 조화를 이루도록 하는 것이다.

풀무학교 같은 폴케호이스콜레형 농민학교를 홍성뿐만이 아니라 지역마다 세우자. 덴마크가 이를 통해 국가적 위기를 극복하고 오늘날 세계에서 가장 행복한 나라가 되었듯이, 우리의 농촌도 살아나고 우리나라도 행복하고 부강한 나라로 거듭날 수 있을 것이다.

유휴자산을 공유하는 은행

노는 시설을 함께 공유, 돈도 벌고 빚도 갚고

예전에 살던 마을에는 정부의 지원사업으로 조성된 유휴시설이 마을의 골칫거리였다. 그래서 기존의 유휴시설을 마을카페, 마을학교 등으로 리모델링해 재활용하고 있다. 이렇게 당초 사업계획대로 활용되지 못하는 유휴시설의 존재는 단지 초리마을에 국한되지 않는다. 아마도 지난 십 몇 년 동안 전국 수천 곳의 마을에서 벌어진 이른바 농촌지역 개발사업의 성과(?)인 토건 시설물 가운데 십중팔구는 아마도 그와 비슷한 지경이 아닐까 걱정된다.

전국적으로 이른바 농촌마을 만들기 또는 농촌지역 개발사업이 벌어진 3천여 곳의 마을, 지역마다 조성된 각종 유휴시설은 기초생활기반확충 관련 시설(예: 커뮤니티센터 등), 지역소득증대 관련 시설(예: 농식품가공장 등), 지역경관개선 관련 시설(예: 생태공원 등) 등 다양하다. 2011년 한국농어촌공사의 조사에 의하면, 조사대상 사업지의 50%에 달하는 시설물이 폐쇄 상태인 것으로 드러났다. 비록 전수조사는 할 수 없으나, 현장에서 느끼는 바로 80~90%

정도는 당초 기대와 계획에 못 미치지 않을까 한다. 원인은 명백하다. 미비한 사업계획, 미흡한 운영 프로그램, 부실한 사후관리 등이다. 농촌에는 수억에서 수십억 원에 이르는 시설을 활용할 인력과 조직이 거의 없다. 그래서 어느 정도는 예견된 정책의 실패라 할 수 있다.

전통적으로 농촌지역에 전승되는 공유자원은 적지 않다. 지역주민이 공동으로 사용하고 관리하던 수리계, 공동방목장, 산림계, 지역공동브랜드 등이 그것이다. 농촌지역의 공동체 생활, 경제에 기여하는 중요한 지역자산이다. 무엇보다 공유자원의 공동체적 이용은 지역주민 소득의 제고, 취약주민 보호 외에 공동체 문화유산의 보전 및 환경보호 등의 긍정적 효과도 기대된다.

농촌마을의 자산은 공유할 때 가치가 보인다

따라서 마을의 전승자산이든 정부의 지원자산이든 공유자원의 효율적, 안정적 관리 및 운영을 위해서 정부와 지자체는 종잣기 부자, 임자료 지원, 임차기간 연장 등의 지원을 할 필요가 있다. 이때 농촌공동체 사업의 주체인 협동조합, 영농조합법인 등 공유자원의 경영기반도 함께 지원해야 효과를 높일 수 있다.

전북 진안군의 '농업회사법인 진안마을주식회사'는 공유자원 활용의 바람직한 사례다. 진안군민 1천여 명이 십시일반해 모든 군민이 공유하는 '지역단위 공동체사업'의 책임주체를 설립한 것이다. 특히 지자체의 지원이 큰 힘이 됐다. 진안군 농업기술센터가 이전하고 비어 있던 건축물을 공유재산 사용허가를 얻어 사무실, 교육장, 가공장 등으로 개조해 활용하고 있다.

한국농어촌공사에서는 '농지은행'을 운영하고 있다. 농지의 수급조절을 통한 농지시장의 안정, 농지소유제한 완화에 따른 농지의 보전 및 관리, 도시민의 귀농촉진 등이 목적이다. '노동력 부족·고령화로 자경하기 어려운 자의 농지·농지에 부속한 농업용 시설'을 임대수탁 받아 전업농, 귀농희망자 등에게 임대하는 농지임대 수탁사업이 주요 사업이다. 이와 함께 '전업농 등에 농지를 매도, 영농규모 확대, 농지이용률 증대, 농업구조 개선' 등을 촉진하려는 농지매도 수탁사업도 시행하고 있다.

지역공유 사회적경제 자산은행을 세우자

이처럼 유휴농지를 임대, 매도하는 농지은행과 마찬가지로 유휴시설을 임대, 매각하는 '시설은행'을 세울 필요가 있다. 농촌지역개발사업 등의 지원으로 조성되었으나, 당초의 사업목적이나 기대효과와는 달리 운영성과가 부실하거나 부진한 유휴시설이 그 대상이다. 가칭 '농촌지역 유휴시설 지역공유 사회적경제 자산은행'은 유휴시설의 거래를 중개하고 알선한다. 농업인, 농업법인, 지자체 등이 임대나 매도를 신청하고, 농업인과 농업법인 등이 임차와 매입을 신청하면 '은행'은 거래 및 지원 타당성을 심사한다. 사업 및 창업계획의 적정성 여부, 마을 및 지역공동체에 대한 사회적 기여도 등이 주요 고려사항이다. 이때 농촌의 원주민과 도시의 귀농인이 협동하고 연대하는 이른바 도농상생형 공동체 사업일 경우 우대 지원할 수 있다. 또 임차료, 매입대금 지원의 타당성 및 투·융자 심사도 병행할 수 있다.

유휴화된 기초생활기반 확충 시설, 지역소득 증대 시설, 지역경관 개선 시설 등을 재활용할 수 있다면 마을·지역공동체 사업의 활성화가 촉진된다.

또 불요불급한 토건 투자 예산의 낭비 및 오남용 요인을 근원적으로 차단할 수 있다.

고금리 사채를 갚아줄 '주빌리은행'도 세우자

정부가 발표하는 통계를 보나 현장을 보나, 우리 농가는 농사를 지어서 돈을 벌기는 어려운 구조다. 연간 농업소득 1000만 원으로는 소농이나 영세농은 빚만 지고 살아야 한다. 게다가 농업소득보다 농업경영비와 부채가 매년 더 증가하는 구조다. 특히 2014년도 농가부채(평균 2788만 원) 가운데 금융기관 차입금은 80.2% 수준으로, 20% 정도는 고금리 사채를 이용하고 있다. 아무리 정직하고 성실하게 농사를 지어도 농사만 지어서는 먹고살기 어렵고 빚만 늘어나는 악순환의 고리를 끊는 게 무엇보다 시급하다. 농가부채 해결을 위한 보다 근본적이고 혁신적인 중장기 처방이 필요하다.

이른바 '농촌형 주빌리(Jubilee)은행'을 연구할 필요가 있다. 주빌리은행은 장기 연체된 부실채권을 사들여 채무자들의 빚을 탕감해주는 은행을 말한다. 부실채권을 원금의 3~5%로 사들인 다음, 채무자가 원금의 5~7%를 갚으면 빚을 탕감해주는 식이다. 주빌리은행에서 부실채권을 매입하는 재원은 기부금과 채무자들의 상환금으로 조달한다. 채무자가 빚을 상환할 능력이 전혀 없다고 판단할 경우 부채를 전액 탕감받을 수도 있다.

한국형 라이파이젠은행도 필요하다

'한국형 라이파이젠은행'은 어떤가. 신용협동조합의 아버지로 불리는 라이파이젠은 농민의 고리채 문제를 해결해주려고 은행을 만들었다. 18세기 독일의 봉건적 토지소유자와 지배 권력자가 야합한 산업혁명의 결과, 도시의 영세 독립소생산자들과 농촌의 소작농들은 상업자본가의 고리채에 의존하면서 경제적인 수탈을 당했다. 특히 1847년 대기근으로 독일 농민들은 기아에 허덕이며 고통을 받았다. 그때 농촌지역인 바이어부쉬의 시장이었던 프리드리히 빌헬름 라이파이젠(F. W. Raiffeisen)이 구세주처럼 나타났다. 그는 마을기금을 조성해 농민들에게 외상으로 곡식을 나눠 주고, 1849년에는 프람멜스펠트 빈농구제조합을 설립해 농민들에게 가축을 구입할 자금을 빌려주었다. 조합원 60명이 무한연대책임으로 돈을 빌려 가축을 사고 5년 동안 나누어 상환하는 대출 방식이었다. 농민들이 함께 세운 신용협동조합은 1862년에 라이파이젠은행(Raiffeisenbank)으로 전환, 오늘날 세계적인 우량 금융회사로 성장했다.

지금 우리 농촌에는 '농민을 위한 은행'이 필요하다. 농협이 있으나 농협이 미처 챙기지 못하는 사각지대가 적지 않다. 우선 전국에 산재한 유휴시설을 공유해 재활용하여, 공동체 사업을 창업하고 영위할 수 있도록 '사회적경제 자산은행'을 세워야 한다. 만성적인 악성부채를 탕감해줄 '주빌리은행'도 필요하다. 농가의 구조적인 고리부채를 해소해줄 협동조합형 '라이파이젠은행'도 농민들의 숙원이다.

지역사회가 함께 먹고사는 조합

타인과 협동하고 연대하는 동지가 되자

정부에서 지원하는 마을공동체 사업에 나서려면 행정적인 마을 안에만 갇히면 안 된다. 그리 될까 주의하고 경계해야 한다. 어차피 협소하고 폐쇄적인 행정리, 자연마을 단위의 주민들이 보유한 인적, 물적, 사회적 자본만으로는 할 만한 일이 별로 없기 때문이다. 하고 싶은 일은 많아도, 할 수 있는 일은 별로 없을 게 분명하다. 그래서 마을사업을 주도하는 리더들에게는 '하고 싶은 일'과 '할 수 있는 일'을 구분할 수 있는 지혜로운 역량이 필수적이다.

마을이 안고 있는 이런 한계 때문에, 기존에 마을단위 또는 권역단위로 주로 이루어지는 농촌지역 개발사업을 비롯한 농림사업은 근본적이고 구조적인 취약점을 안고 출발한다. 바로 주민 역량의 한계, 적정 사업조직 구성의 역부족, 규모의 경제 부적합 같은 실패 요인이 내재하고 상존한다. 마을, 권역 단위로는 적재적소에 배치할 만한 기본적인 업무인력이나 역량 있는 경영자, 기획자, 관리자조차 구하기 쉽지 않다. 자칫 마을단위의 사업계획서는 허구이거나 허상에 불과할 위험이 크다. 다행히 최근 귀농인구가 증가하는 추세에 따라 귀농인의 농촌창업, 원주민과 결합한 마을공동체 사업 등의 사례가 속출하고 있다. 마을을 잘 아는 원주민과 사업을 좀 아는 귀농인이 힘을 모아 서로가 부족한 부분을 채워주는 상부상조 방식이다. 이렇게 기존 원주민의 자산과 기술을 바탕으로 귀농인의 여러 가지 경험과 역량을 결합해 '규모의 경제'를 통해 '지속가능한 사업성'을 담보할 수 있는 농촌공동체 사업 모델에 주목해야 한다.

지자체 단위 협동경영체 모델로 가자

가령 지역마다 전향적으로 '지자체형 협동경영체' 모델을 채택, 적용할 수 있다. 이는 기초지자체 등 지역단위로 지역주민들이 자발적이고 주체적으로, 서로를 위해, 그리고 마을과 지역공동체를 위해 설립한 공동사업체다. 참여하는 구성원들이 보유하고 발굴한 농촌의 특화자원(농업, 향토, 문화, 생태 등)을 활용한 소득 제고, 일자리 창출, 사회적 서비스를 사업목적으로 한다.

일종의 '지역단위 네트워크형, 사회적경제 조직 방식의 공동사업체로서 사업목적과 추구하는 가치가 마을과 지역공동체의 공익에 기여해야 한다'는 원칙만 지킨다면, 법인격은 협동조합이든, 상법상 회사든, 민법상 단체든, 하물며 그냥 마을회든 큰 문제가 되지 않을 것이다. 형식이나 조건보다는 일을 잘되게 만드는 내용과 성과가 더 중요하다.

주요 사업내용은 사업의 준비 단계인 연구·개발(R&D)부터 1차 생산에서 3차 유통까지를 아우르고, 거기에 사회적 서비스 영역까지 자연스레 연결시킬 수 있다. 일단 해당 지자체 고유의 농업·농촌자원을 제품화하는 연구·개발 사업이 중요하다. 그리고 충분한 연구·개발 과정을 통해 사업타당성을 검증받은 1차 생산 농산물, 2차 가공 농식품에 한해 본격적인 상품화, 사업화에 나서야 한다. 이 과정에서 해당 지자체와 지역의 대학, 연구소 등의 전문적인 정책적 지원과 협력 관계를 유지하는 게 중요하다. 1차와 2차 단계의 사업화가 안정 단계에 접어들고 시장에서 수요가 발생한다면 유통, 농촌관광 등 3차 사업 분야로도 연계, 확장될 수 있을 것이다. 특히 문화, 교육, 의료, 복지, 여성, 아동, 청소년, 노인, 장애인, 다문화가정 등 농업·농촌 정주여건 및 삶의 질 향상을 도모하는 사회적 서비스도 지자체 단위 협동경영체가 수행할 수 있는 사업 분야로서 얼마든지 타당하고 적정하다.

마을공동체 기반 사회적경제 3단계 진화론

무엇보다 요즘 마을공동체와 사회적경제의 통합 필요성, 타당성에 관한 현장의 요구와 논의가 활발하다. 사회적경제와 마을공동체가 공히 안고 있는 성책 의존성, 이로 인한 자생적 사업성의 한계는 두 영역의 연계 노는 통합이 미룰 수 없는 숙제임을 말해준다. 사회적경제가 능히 자립하고 자생하려면 정책의 지원목적에서 벗어나 독자적인 사업성을 확보할 수 있어야 한다. 국가와 정부의 통제와 간섭에서 벗어나 지역사회 공동체에서 자구책을 마련할 수 있어야 한다. 그렇게 마을·지역공동체 내부에서 재화와 서비스가 선순환될 수 있어야 한다. 지역공동체의 이웃을 믿을 만한 비빌 언덕이자 최후의 보루로 삼아 독자적인 시장과 활로를 발굴하고 개척할 수 있어야 한다.

전향적 처방으로는 이른바 '지역공동체형 사회적경제 전략'이 주효할 듯하다. 사회적경제와 마을공동체 사업의 연계·융합 전략은 사회적기업, 마을기업, 협동조합, 자활기업, 농어촌공동체회사 등 '사회적경제 조직'의 사업 분야와 마을 만들기, 농촌지역 개발사업 등 마을공동체 사업 분야를 연계하고 융합해서 원스톱(One-Stop) 서비스 지원이 가능하도록 법, 제도, 지원체계를 정비하고 제·개정하는 작업부터 시작해야 한다. 이때 소득 및 일자리 창출을 통한 사회적 서비스로 집약되는 기존 사회적경제의 정책목적은 1차 목적에 그쳐야 한다. 궁극적 2차 사업목적은 민주적이고 지속발전가능한 마을·지역공동체 구현을 표방해야 할 것이다. 즉, 1차 정책목적은 사업목적의 완성이 아니고 단지 2차 사업목적의 과정이자 수단 정도로 일단 기능하는 게 더 합리적이고 효과적일 수 있다.

이른바 마을공동체 기반 사회적경제의 3단계 진화론도 더불어 모색할 필요가 있다. 1단계 사회적자본으로서 민주시민을 먼저 훈련하고, 2단계 경제적 수단으로서 사회적경제의 성과를 어느 정도 실현한 후, 비로소 3단계 사업적 목적으로서 마을·지역공동체 사업으로 이행하자는 제안이다. 즉, 먼저 훈련되고 준비된 민주시민들이 모여서 사회적경제라는 사업조직을 구축한 다음, 마을·지역공동체를 시민들이 모인 조직을 중심으로 구현하자는 것이다. 거꾸로 마을·지역공동체를 견인하고 주도하는 사회적경제(조직)를 경영하는 과정에서 민주시민이 발굴되고 육성되는 사회적경제의 선순환 구조가 구축되고 작동될 수 있다. 결국 마을·지역공동체와 사회적경제의 지속가능성을 확보하기 위해 두 사업은 연계되고 통합되어 상호 견제와 보완을 통해 시너지효과를 발휘해야 한다. 지역사회를 기반으로 하지 않고 지역공동체의 지지를 받을 수 없는 사회적경제 조직은 자생력은커녕 지속가능성을 보장받지 못하는 취약하고 불안한 사업구조에 매몰될 수밖에 없다.

협동조합으로 중소농, 가족농의 힘을 모으자

마을공동체 사업과 사회적경제의 유기적인 접점을 형성할 가장 유력하고 효과적인 접착제는 협동조합일 것이다. 국제협동조합연맹(ICA)의 정의에 따르면 "협동조합은 공동으로 소유되고 민주적으로 운영되는 사업체를 통하여 공통의 경제, 사회, 문화적 필요와 욕구를 충족시키고자 하는 사람들이 자발적으로 결성한 자율적인 조직"으로서 사업체이면서 동시에 결사체의 성격과 목적을 띤다. 기업으로 생존하고 조합원들도 만족시키면서 지역사회에도 기여하는 세 마리 토끼를 모두 잡아야 하는 난이도가 높은 숙제다.

그럼에도 지역사회와 시장을 기반으로 한 생산자 협동조합은 소비자 협동조합, 지역농협, 영농조합법인, 그리고 지방자치단체와 유기적인 네트워크를 구축하면 안정적 판로, 원자재 등 신뢰와 신용 기반 거래가 가능하다. 무엇보다 농민들이 현장에서 요구하는 농업의 대안은 기업농 중심, 자본투자 위주의 모델이 아니다. 중소농 중심인 협동조합 방식의 '협동화 사업' 모델이다. 6차산업화든 스마트농업이든 소규모, 영세 농업경영체가 많은 우리 농촌공동체의 특성과 다기능성을 살리면서 추진되어야 마땅하다. 본질적으로 농업이 근간이기 때문이다. 농기업 창업, 일자리 창출, 농가소득 제고 등은 그 협동화 사업의 선순환 구조 속에서 부산물로 따라오는 것이다.

근본적으로 인구밀도가 낮고 생산인력이 부족한 농촌에서 사업을 영위하는 행위 자체는 시장 실패의 위험을 안고 있다. 농촌지역에서 구조적으로, 환경적으로 충분한 규모와 지속가능한 기간의 상권 형성도 어렵다. 이럴 때, 농촌의 주민들이 협업을 통해 생산·소비협동조합을 결성한다면 시장 실패의 가능성을 낮추는 등 유력한 자구책을 마련할 수 있다.

진안마을주식회사와 임실치즈레인보우주식회사의 경우

전북 진안군의 진안마을주식회사는 이른바 '지자체형 협동경영체'의 좋은 사례로 들 수 있다. 로컬푸드 사업을 목적으로 진안군 21개 마을과 11개 단체, 농업인 등이 공동출자, 2011년 농업회사법인으로 설립한 '진안군민이 주인인 주식회사'다. 법인의 모태가 된 진안군마을만들기협의회를 중심으로 90여 차례의 금요장터 개설, 진안시장 상설매장 운영 등의 3년여의 준비과정을 거쳤다. 이곳은 로컬푸드 사업 등을 통해 진안군의 소농과 가족농을 보호하겠다는 사업목적을 내걸고, 농산물 꾸러미 배달사업을 시작으로 학교급식 지원센터를 통한 진안군 전 학교에 친환경 급식재료를 공급하는 일도 맡아서 하고 있다. 2015년에는 마이산 관광단지 안에 로컬푸드 식당, 직매장, 흑돼지 육가공장도 새로 차렸다. 이 지자체형 협동경영체에서 많은 진안군민들이 농촌지역에서 생활하기에 충분한 급여 등의 노동조건으로 상근하고 있다.

마을단위 사업의 선도 사례지인 임실 치즈마을도 자연마을과 행정리를 넘어 지역으로 사업의 지평을 넓히고 있다. 2015년 치즈마을의 마을운영위원회가 대주주로 참여하는 '농업회사법인 임실치즈레인보우주식회사'라는 출자회사를 새로 설립한 것이다. 전북도에서 추진하는 농식품 6차산업화 지구사업으로 지원받은 20억 원의 국비에 마을 자부담 4억 원을 출자했다. 특히 기존에 마을 공동수익의 50%를 책임졌던 직영 농축산물판매장, 식당의 운영권을 법인으로 과감히 넘겼다. 매출액의 5%를 마을공동기금으로 기부하는 조건만 달았을 뿐이다. 지역의 공익에 기여하려는 협동경영체의 지속가능성을 우선적으로 고려했기 때문이다. 법인에는 치즈마을운영위원회, 일반 주민은 물론, 임실축협 등 지역의 협력네트워크, 심지어 지역의 임실군민과 지역 밖의 도시민들도 참여한다. 지역과 외부에 열려 있는 공공기업이다.
　진안마을주식회사나 임실치즈레인보우주식회사나 지자체와 군민들과 더불어 공존하고 공생하겠다는 공익의 가치를 확고히 다진 듯하다. 기존의 마을단위 사업이 안고 있던 사업성의 한계를 뛰어넘어, 지역공동체를 기반으로 '규모와 범위의 공익경제'를 구현하려는 현실인식과 목표의식이 확고하기 때문이다. 그리고 마을공동체 사업의 몸통에 사회적경제의 날개를 붙인 형국이다.

협동조합은 지역사회 사회적자본의 발전소

무엇보다 이렇게 협동사업화를 통한 자조적 지역사회 발전전략은 주민의 삶의 질 향상, 지역사회 내부역량 증진 등의 효과를 가져온다. 행정, 주민 등 지역사회 발전의 추진주체는 효과의 극대화를 위해 지역사회 다수 주민의 이익을 추구하기 때문이다. 특히 다수가 참여하는 지역사회 또는 지자체단위의 협동조합 방식은 개별 농민 구성원의 욕구보다는 지역사회 공동의 발전을 지향하므로 정책적 명분도 충분하다. 특히 협동조합은 지역사회의 사회적자본을 증진시킨다. 지역사회 주민들이 협동조합에 참여하면서 협동조합의 발전과정, 조합원 역할, 리더십 등을 경험하고 공유하면서 사회적자본을 형성하게 되는 것이다. 이는 곧 지역사회와 구성원들이 사업조직을 만들거나 강화하는 데 요긴하게 활용할 수 있는 자산이 된다.
　과소화되고 사회적 활력이 저하된 농촌지역에서는 사회적 연결망이 침식되거나 부재한 상태이다. 따라서 사회적 관계를 형성하거나 복원하는 조직화 활동이 절실하다. 협동조합을 설립하고 운영하는 방법, 협동조합을 통한 협동사업화가 최적의 대안이 될 수 있는 이유가 여기에 있다. 적어도 농촌에서는 협동조합으로 돈을 많이 벌지 못하더라도 사회적 결사체의 최적화 모델이 될 수 있다. 협동조합은 그동안 농촌정책에서 견지해온 농촌의 내생적, 자조적 지역사회 발전전략을 개선하는 적당한 대안으로 보인다. 인구밀도와 생활서비스 접근성이 낮은 농촌의 지역사회에 적정한 가격으로 재화와 서비스를 공급하는 데 협동조합이 유력한 수단과 경로가 될 수 있다. 인구 과소화, 지역사회 공동화, 중앙과 격리 등으로 발생하는 농촌지역의 '사회적 배제(Social Exclusion)' 문제를 해결하는 최적의 해법으로도 보인다.

마을경제를 지원하는 플랫폼

사회안전망과 사회적자본 플랫폼부터

오늘날 우리 농촌마을 공동체 사업이 벌어지고 있는 현장은 분주하고 어지럽다. 현장마다 마을 만들기, 농촌관광 등 농촌지역 개발사업, 농식품 가공, 로컬푸드 직거래 등 6차산업화, 마을기업, 협동조합 등 사회적경제 등의 각종 사업이 난무하고 있다. 문제는 각 사업들이 '따로 또 같이' 혼재되어 동시다발적으로, 무차별적으로, 무질서하게 외부나 상부에 의해 서로 겉돌면서 강행되는 점에 있다.

    이 같은 여러 가지 정책사업들은 궁극적으로 지향하는 목표지점은 크게 다르지 않다. 거의 모두 농촌마을공동체의 재생 및 활성화로 수렴된다. 따라서 서로 겉돌아야 할 필연성과 설득력이 매우 부족하다. 무주 초리 넝쿨마을의 경우에도 마을공동체 사업의 주체인 '초리새마을회'와 사회적경제 사업의 주체인 '초리 넝쿨마을협동조합'의 형식만 다를 뿐 실체는 동일하다 할 수 있다. 부처 간 칸막이, 지역 이기주의, 하향식 관제 프로젝트라는 비판이 괜히 나오는 게 아니다.

각 사업 총합의 효용과 시너지효과를 극대화하기 위해서는 사업별 개념, 목적, 그리고 각 사업들 사이의 진행 단계와 체계 등을 일목요연하고 질서정연하게 정리할 필요가 있다. 무엇보다 상호연결성 있게 유기적으로 재설계, 재정립할 필요가 있다. 기계적인 결합이나 연계 정도에서 그칠 게 아니라 화학적인 융합의 경지로 진화하고 진보해야 한다.

6차산업화는 1단계, 사회적경제는 2단계로

가령 농가소득 제고 및 일자리 창출을 주목적으로 하는 '6차산업화'는 마을공동체 사업을 실행하는 효과적 도구나 방법의 1단계 정책과제로서 기능하는 것이 적당하다. 또 협동경영체 조직화 및 민주화를 주목적으로 하는 사회적경제는 마을공동체 사업의 수행을 위한 최선의 수단과 과정의 자리가 적합하다. 따라서 마을공동체 사업을 벌이는 최적의 가치와 명분을 설명할 수 있는 2단계 정책으로 자연스레 이어질 수 있을 것이다.

1단계 6차산업화, 2단계 사회적경제 등은 주로 현장에서 가장 절박한 '생업(경제)' 문제를 선결하는 선행 필수과제라 할 만하다. 이 같은 사업의 성과를 바탕으로 마침내 '생업과 생활이 하나 되는 공공 공유의 공간'으로서 마을 및 지역사회 공동체가 구축될 수 있다. 마을공동체 사업은 궁극의 목적이자 지상과제로서 3단계 정책으로 추진하는 게 합리적이고 효과적일 것이다. 다만 이때 1단계 6차산업화, 2단계 사회적경제를 거쳐 3단계 마을 및 지역사회 공동체까지 각 단계별 과제를 성공적으로 수행하기 위한 전제조건이 있다. 1단계 진입 이전에 각 사업마다 공통된 가용자원(resource)이자 지원

토대(platform)로서 '인적·물적 유·무형의 사회적자본'부터 갖추어야 한다. 그러자면 위상과 역할이 모호한 중간지원조직부터 정상화해야 한다. 마을공동체와 사회적경제가 융합된 중간지원조직으로 역할과 책무를 강화해야 한다. 그래야 지역의 사회적자본을 생산하고 공급하는 사회적자본 제작소 및 발전소 역할을 감당할 수 있을 것이다.

사회적경제, 마을 만들기보다 사회적자본부터

이른바 마을 만들기, 사회적경제 등 마을·지역사회 기반 공동체 사업(Community Business)을 성공시키는 열쇠는 행정의 지원도, 주민의 학습도, 전문가의 역량도 아니다. 신뢰, 협동, 연대, 참여, 규범, 네트워킹 같은 사회적자본이다. 사업을 벌이는 마을과 지역사회 공동체 안에 충분히 내재·축적된 고유한 사회적자본의 보유 여부와 활용 정도가 사업의 성패 여부를 결정한다. 즉, 이미 마을공동체 내부에서 구성원끼리 서로 긴밀하게 협력하고 연대하며 서로 신뢰하고 존중하고 배려하고 나누지 않는 마을공동체 사업은 시작부터 온갖 어려움에 부닥친다. 마을공동체 스스로 내발적이거나 자생적으로 마을공동체의 규범과 관계망을 형성하고 강화할 수 있는 자체 동력이 필요하다. 결국 마을·지역사회 공동체의 문제 해결과 지속가능한 발전에 기여하는 유·무형의 자산으로서 사회적자본이 바탕이 되고 전제되어야 마을공동체 사업은 비로소 가능하다.

인적자본, 물적자본 등 여타 자본이 절대 부족한 농촌지역에서 사회적자본의 중요성은 두말할 필요도 없다. 따라서 농촌의 마을공동체 사업을 준비하는 마을주민들은 마을사업을 신청하기 전, 우리 마을의 사회적자본이 어떤 게 있는지, 얼마나 있는지, 어떤 쓸모를 지니고 있는지부터 냉정하게 조사하고 정리해야 한다. 조사 결과가 만족스럽지 않다면 마을공동체 사업에 나서면 안 된다. 하지만 불행히도 우리 농촌지역에는 공동체의 활력화를 촉발하거나 공동체 사업을 추진, 견인할 만큼 사회적자본이 충분하지 않은 게 사실이다. 지난날 정부 주도의 산업화 및 공업화 개발경제 과정에서 농촌지역의 인적자본이 대거 도시로 이동, 전통적인 농촌마을 사회의 사회조직 또는 공동체 조직이 와해되고 그 규범이 약화된 게 근본적 원인이다. 이러한 인적자본의 약화는 농촌마을과 지역사회의 지도력 약화로 직결되었다. 농촌 지역사회 내부에 그나마 축적되었던 사회적자본이 쇠퇴되면서 활력과 동력을 상실하고 만 것이다.

결합 사회적자본보다 연결 및 관계 사회적자본을

그런데 한국의 근현대사를 돌이켜보면 공동체가 주체적으로, 창조적으로 사회적자본을 배우고 축적할 기회나 시간이 많지 않았다. 학교, 가정, 직장, 지역사회 등 어느 공동체에서도 사회적자본을 습득하고 배양할 공간은 찾기 어려웠다. 신뢰와 협동보다 불신과 경쟁이, 규범과 네트워킹보다는 위법과 이기주의가 국가와 사회의 질서를 지배했기 때문이다. 그래서 공동체 지원법과 제도를 아무리 잘 만들어 시행한다 해도 농촌공동체는 재생도 활성화도 되기 어려웠다. 이제 사회적자본을 새로 충분히 발굴, 개발, 육성, 축적해야 하는 과제가 시급하다.

무엇보다 우리 농촌공동체의 사회적자본 생산과 개발을 촉발시킬 열쇠는 사람(인적 사회적자본)에서 찾아야 한다. 이때, 특정 지역의 내부, 일부 집단 사이의 폐쇄적, 배타적, 고립적 '결합(Bonding) 사회적자본'은 그다지 중요하지 않다. 오히려 장애나 방해가 될 수도 있다. 그보다는 다른 지역, 외부인 등과 열린 생태계에서 소통하고 협업할 수 있도록 '연결(Bridging) 사회적자본'과 '관계(Linking) 사회적자본'의 플랫폼과 네트워크를 구축하는 게 더욱 중요하다. 미국의 사회학자 로버트 퍼트남도 다인종 사회에서 평화로운 사회를 만들기 위해서는 다른 사회적자본으로서 연결(Bridging) 사회적자본이 필요하다고 강조했다.

전통적으로 우리나라 농촌지역의 마을공동체에서는 연대적(결합, Bonding) 사회적자본과 교량적(연결, Bridging) 사회적자본이 높게 나타난다. 이는 마을 사회집단의 내부 연대의식도 높고 외부 사회집단 사이의 협동적 관계도 원만하게 지켜진다는 사실을 의미한다. 그런데 이른바 수억에서 수십억 원에 이르는 농촌지역 개발사업이 시행되면서 기대수익과 주도권 등의 이해관계를 둘러싸고 마을공동체 및 지역사회 내부에서 반목과 갈등이 표출되고 있다. 사회적자본이 훼손되고 상실되고 있는 것이다.

정부, 주민, 전문가 등 이른바 마을공동체 사업의 핵심 3주체가 참여, 교육과 회의 등을 통해 필요한 사회적자본을 생산하고 공급해야 한다. 구체적으로 농촌지역에서 공동체 사업의 주체가 될 민주시민을 교육하고 훈련하는 건강하고 유능한 중간지원조직이 필요하다. 사회적자본을 지속적으로 생산하고 공급하고 분배할 수 있는 사회적자본 발전소 같은 중간지원조직이 지역사회마다 세워져야 하는 이유다.

사회안전망을 갖춰야 사회적자본 생산이 가능

오늘날 사회적자본과 사회안전망(social safety net)도 없는 상태에서 거의 비무장으로, 무방비 상태로 무모하게 추진하는 마을공동체 사업이 흔하다. 마을과 지역사회의 일반적인 주민들은 사회안전망과 사회적자본이 충분치 않은 상태에서 오로지 먹고사는 문제, 안전하게 사는 문제에 매달리느라 이웃과 타인, 공동체를 챙길 여력이 거의 없다. 남에게 양보하고 남을 먼저 배려해야 하는 공동체 사업은 시작하기도, 참여하기도 어렵다. 설사 마음은 있더라도 몸이 따를 수 없는 일이다. 무엇보다 생업과 생활의 공간이 기계적으로 분리, 격절된 도시에서는 공동체를 이루기가 더욱 어렵다. 그래서 에밀 뒤르켐은 도시의 '동네(quartier)'를 '기계적 연대와 배제의 공간'으로 규정하고, 주민들이 어서 벗어나고 싶어 하는 비정한 생활공간으로 생활보다 생업이 우선되는 곳이라 비판했다. 그래서 개인 간 연대의식이 기계적 연대에서 '유기적 연대'로 옮겨 가야 한다고 주장했다.

유기적 연대는 '사회 발전에 따라 사회 성원 사이에 기능적 분화와 분업이 촉진되어 상호 의존성이 강화되면서 생기는 사회 연대'의 상태를 말한다. "전통사회에서는 집단 지향적인 기계적 연대가 필요했지만, 근대사회에서는 개인의 존엄성을 바탕으로 한 호혜적 연대, 유기적 연대가 등장하게 됐다"고 뒤르켐은 설명한다. 하지만 현대사회의 개별화되고 파편화된 개인이, 또는 개인들의 집단이 기계적 연대를 벗어나 유기적 연대로 옮겨 가는 일은 쉬운 일이 아닌 듯하다. 그래서 마을이나 공동체 사업 현장에 가서 그 속을 가만히 들여다보면 자칫 마을공동체 사업을 생업 삼아 하는 전문활동가, 어쨌든 먹고살 만한 이른바 중산층, 장래 진로와 정처를 미처 정하지 못한 청년, 이들 세 집단이 주류를 이루고 있다. 안타깝게도 먹고살아야 하는 생업의 책무에서 벗어날 수 없는 일반적, 평균적 주민들은 눈에 잘 띄지 않는다.

사회적자본이 생산되면 마을공동체는 저절로

그래서 공동체 사업에 공동체의 구성원들이 모두 함께 참여하고 유기적 연대의 경지로 옮겨 가려면 각종 지원사업을 개발하고 공모하기 전에 우선 선결과제가 있다. '경쟁에서 싸워 이겨서 먹고살아야 한다'는 강박증, 두려움, 공포심으로부터 주민과 시민들이 자유로울 수 있도록 해방시켜줘야 한다. 그럴 수 있도록 국가와 정부가 법을 제정하고 제도와 정책을 개발하며 예산을 집행해야 한다. 그러자면 신뢰, 협동, 연대, 참여, 규범, 네트워크 등의 사회적자본부터 키울 수 있도록 해야 한다. 그래서 먹고사는 전장의 경쟁 상대인 이웃을, 친구를, 타인을 더 이상 경계하지 않고 서로 믿을 수 있도록 해야 한다. 남에게 먼저 양보하고 우선 배려할 수 있도록 해야 한다. 그런데 그러한 사회적자본은 저절로 만들어지지 않는다. 가르치고 훈련해서 생산하고 축적하는 것도 한계가 있을 것이다. 국가나 정부가 국민을 충분히 돌보고 보살피지 않아서 개인으로서 시민이, 국민이 불안하고 위험해졌으니 국가와 정부가 사회안전망으로 지키고 보살펴야 한다.

사회안전망이란 '모든 국민을 실업, 빈곤, 재해, 노령, 질병 등의 사회적 위험으로부터 보호하기 위한 제도적 장치'를 말한다. 사회보험과 공공부조 등 기존 사회보장제도에 공공근로사업, 취업훈련 등을 포괄한다. 모든 사회적 위험에 대한 '포괄성'과 사회구성원 모두에게 적용되는 '보편성'을 실현하고 '국민복지기본선(National Welfare Minimum)'을 보장하는 게 목적이다. 즉, 주거, 의료, 생계보호, 보육, 복지시설 서비스 등 복지욕구 전반에 걸쳐 국가가 공적 사회보장제도를 통해 일정 수준 이하인 기존 제도의 급여를 기본적인 선으로 끌어올려야 하는 책무다.

결국 공동체 사업을 제대로 잘 하려면 사회적자본이 충분히 축적되어야 하고, 사회적자본을 축적하려면 사회안전망부터 구축해야 한다는 당연한 깨달음을 얻는다. 가령 기본소득제로 상징되는 사회안전망이 일단 구축되면, 공동체 구성원마다 서로 믿고 남을 도울 만한 생활의 여유가 생겨 신뢰, 협동, 연대, 규범, 네트워크 같은 사회적자본이 저절로 생성, 축적될 것이다. 그런 사회적자본이 충분히 축적된 공동체는 자생적으로 자조하고 자치해나갈 수 있을 것이다. 누가 시키지 않아도, 지금처럼 국가나 정부가 마치 생색내듯 공모 지원사업의 시혜를 베풀지 않아도, 훈련시키듯 지도하고 감독하고 평가하지 않아도, 능히 남에게 먼저 양보하고 배려하는 사회적 분업, 유기적 연대를 이루어낼 수 있을 것이다.

따라서 마을공동체 사업 이전에 선행되어야 할 제1단계는 무상교육, 무상의료, 사회주택, 고용안정, 기본소득 등의 사회안전망 구축이다. 2단계는 생활기술자학교, 사회적경제 자산은행, 공동체사업 협동경영체 조합, 마을공동체와 사회적경제의 융합플랫폼 등을 통한 사회적자본의 생산 및 축적이다. 그다음 비로소 3단계로 사회적경제 기반의 마을공동체 사업을 추구하는 게 타당할 것이다. 그게 일의 순서이자 순리다. 오늘날 전국의 농촌마을마다 난무하고 있는 온갖 농촌지역 개발사업의 정책설계도와 사업추진 로드맵은 다시 그려져야 한다. 사회안전망 구축과 사회적자본 축적 이후의 사회적경제를 기반으로 하는 마을공동체 사업으로 근원적이고 총체적으로 새로운 패러다임과 플랫폼으로 크게 고쳐야 한다.

농민의 삶을 지키는 기본소득

독일의 직불금 같은 마을 기본소득제를

예전에 무주 초리 넝쿨마을에 살 때는 일종의 마을주민 기본소득을 받았다. 국가가 아닌 마을에서 스스로 기본소득 재원을 조성해, 농민은 물론 모든 마을주민에게 기본소득을 지급했다. 재원은 마을에 위치한 무주 양수발전소에서 매년 지급되는 일종의 보상금이다. 송전탑이 마을의 공동자산인 뒷산 당산을 볼썽사납게 타고 넘어가고 있기 때문이다. 그래서 마을 경관도 해치고 주민들의 심기도 불편하게 만들어 그를 위로하고 보상하려는 목적이었다. 마을에서는 그 돈을 모아 마을의 공동기금으로 적립하고 가가호호 매달 징수되는 전기요금을 대납했다.

제주도 가시리 주민들도 마을 기본소득을 받고 있다. 220만 평의 마을 공동목장 공유재를 국산 풍력발전단지 조성사업의 부지로 임대해주고, 마을의 공동소득을 창출하는 것이다. 풍력발전이라는 신재생에너지 개발사업의 수익금 가운데 연간 10억 원 이상이 마을통장에 입금된다. 마을주민들이 공유하고 있는 공동목장의 공유지에서 임대소득이라는 마을의 공동소득이 발생하는 것이다. 가시리에서는 이를 재원으로 마을 출신의 대학생에게 학자금 전액을 지원하고, 65세 이상 노인들의 경로수당으로 월 10만 원을 지급하며, 일반 주민들의 건강보험료 월 7만 원을 지원하는 등 요긴하게 사용하고 있다. 국가나 정부에서 마땅히 감당해야 할 일을 마을 차원에서 일종의 마을복지사업으로 승화시킨 셈이다.

유럽은 기본소득 같은 직불금으로

한국 농정이 주로 선례로 삼고 있는 일본도 2012년부터 일종의 '농민기본소득'을 지급하고 있다. 농가의 고령화와 영농후계자 부족이 심각해지자 청년 농부를 농촌에 유치하려고 '청년취농 급부금제도'를 시행하고 있다. 농업을 새로 시작하는 사람(45세 미만)에게 연수기간 2년과 농업 개시 후 5년 등 최장 7년간 해마다 150만 엔(한화 약 2200만 원)씩 최대 1050만 엔(한화 약 1억 5400만 원)을 지급하는 방식이다.

돈보다 사람을 우선하는 농정을 펼치는 유럽연합의 모든 회원국도 '청년농업인 직접지불금(Young Farmers Direct Payment)'을 시행하고 있다. 취농 5년 이내이고 39세 이하인 신규 취농자에게 기본 직접지불액의 25% 상당을 최대 5년간 증액 지급한다. 기존 농업지원 직불금에 청년직불금을 보태면 청년 농부들도 능히 농촌에서 생활할 수 있는 정도가 된다.

본격적으로 농촌마을을 대상으로 기본소득제를 처음 실험하고 평가한 나라는 인도다. 충남연구원의 조사에 의하면, 유니세프(UNICEF)에서 기금을 지원받아서 2011년부터 18개월 동안 농촌지역 9개 마을의 주민을 대상으로 기본소득 실험을 했다. 최저생활비보다 높게 책정한 월 24달러를 매달 월급처럼 지급하자 그 효과는 놀라웠다. 부채가 감소하고 저축이 늘어났다. 노동의 효율성과 생산성은 2배 이상 늘어났다. 심지어 지급된 기본소득을 모아 소규모 창업을 하는 사례도 나타났다.

한국에서 농민기본소득제에 대한 논의와 연구는 충남도가 가장 활발하고 선도적이다. 특히 충남은 농민은 물론 농촌주민으로 대상을 확장한 '충남형 농촌주민 기본소득제' 도입 방안을 연구하고 있다. 2017년부터 충남도의 20~30호 정도 되는 과소화 낙후마을 몇 곳을 선정해 기본소득 시범사업을 예정하고 있다. 이미 충남연구원에서는 마을주민을 대상으로 한 시뮬레이션 실험 결과를 바탕으로 실행모델도 도출했다. 1개 마을마다 1년에 1억 원 정도의 예산을 투입한다는 계획이다.

강원도는 2016년부터 전국 최초로 청장년 귀농인의 정착을 돕는 '귀농인 월급제'를 시행하고 있다. 20세 이상 45세 이하 귀농인에게 지원하는 것으로, 도내 농어촌지역에 2년 이내 전입해 실제 거주하고 있는 귀농인들이 대상이다. 물론 아무나, 누구나 지원을 받을 수는 없다. 조건이 있다. 귀농·영농교육을 50시간 이상 이수해야 한다. 2년간 지급되는 월급의 총액은 1560만 원으로 첫해는 월 80만 원, 2년차는 월 50만 원을 정액 지급한다. 시행 첫해인 2016년에는 32명이 수혜를 받았다.

미래에는 노동 말고 기본소득을

미래학자 제레미 리프킨은 인류에게 '노동의 종말'을 경고했다. "정보화 사회가 창조한 세상에서 수많은 사람들이 일자리를 잃고 미아가 될 것이다."

또 사물인터넷이 장악할 '한계비용 제로사회'에서는 이윤도, 소유도, 자본주의도 무의미해질 것이라고 단언했다. 곧 협동조합 모델을 통한 협력적 공유경제만이 유의미해지는 사회가 도래한다는 것이다.

마침 나라 안팎으로 기본소득 논의가 활발하다. 기본소득(basic income)이란 개별적으로 모든 사회 구성원에게 균등하게 지급되는 소득을 말한다. 재산이나 소득의 많고 적음, 노동의 여부나 노동 의사와 상관이 없는 것이다.

한계비용이 자꾸 제로로 수렴하고 노동이 결국 종말을 맞이하려는 오늘날, 기본소득은 남의 일이 아니라 나와 우리의 숙제로 근접해 있다. 유럽 등 선진 외국은 이미 실현 단계에 접어들었다. 놀랍게도 자본주의의 맹주 미국은 이미 기본소득을 지급하고 있다. 알래스카 주에서 1982년부터 공유재인 석유를 재원으로 전 주민을 대상으로 실시하고 있다. 핀란드는 전 국민에게 월 80유로(한화 약 100만 원)의 기본소득을 지급할 것을 검토하고 있고, 스위스도 올해 기본소득을 국민투표에 부친다고 한다.

농민 먼저 기본소득을

국내에서는 녹색당이 '모든 국민에게 조건 없이 월 40만 원의 기본소득'을 핵심공약으로 내걸었다. 특히 "농민에게 먼저 기본소득을 주자"고 주장한다. 농민은 국민의 생명을 지키고 농업의 공익적 가치를 지키는 공무와 같은 성직을 맡고 있어서 그만큼 대접해야 한다는 논리다. 무엇보다 농민이 농촌을 떠나지 않고 생활하려면 기본소득 말고 다른 묘책이 없다는 절박한 현실 인식이 깔려 있다. 현행 4%대의 농가소득 대비 직불금은 일부 대농을 제외하고는 농가소득을 보전하기에는 아무 실효성도 없다. 농가소득의 50~90%까지 보전되는 독일, 오스트리아, 스위스 등 유럽 선진의 농업국을 배우고 따라서 하자는 제안이다.

지난 대선 후보들도 농민수당 등의 공약을 공식적으로 내걸 정도로 이미 분위기는 조성됐다. 하지만 '농민기본소득제'는 국민적, 사회적 합의가 필요하다. 아무리 좋은 취지의 제도라도 충분한 발효와 숙성 과정이 선행되어야 한다. "농민부터 먼저 주자"고 하면 농민이 아닌 일반 국민들은 불편해할 수도 있다. 사는 게 역시 힘든 도시의 노동자, 빈민들은 "왜 농민에게만 먼저 주냐"며 따지고 저항할지 모른다. 마치 내 일처럼 조세 부담, 국가재정을 심각하게 걱정할 수도 있다.

열쇠는 농정의 진실과 기본소득의 명분을 어떻게 국민들에게 널리 전파해 공감을 얻는가에 달려 있다. 아예 농민기본소득이라는 말과 개념이 낯설고 어려우면 기본소득이라는 말을 안 쓰면 된다. 표현이나 용어는 크게 중요하지 않다. 기본소득제라는 형식보다 실질적 효과가 더 중요하다. 기존의 농업직불금 외에 농민연금, 농가배당, 농촌주민수당 등으로 얼마든지 다르게 표현할 수 있다.

농민기본소득 말고 다른 대안이 있는가

김성훈 전 농림부 장관은 농업의 정체성과 가치를 이렇게 통찰한다.

"농업은 농촌과 농민만의 문제가 아닙니다. 국가와 국민 모두를 살리는 유일무이한 방책입니다. 그래서 농업은 돈을 좇는 산업이, 이윤의 대상이 될 수 없습니다. '하늘'과 '땅'과 '사람', 천지인(天地人) 조화가 빚어낸 생명줄이며 국민생존권과 국가주권의 마지막 보루이기 때문입니다."

일본의 사상가 가라타니 고진(柄谷行人)은 아예 "자본주의 체제는 합리적 농업과는 역방향으로 진행되는 것이고, 합리적 농업은 자본주의 체제와는 양립 불가능하다"고 주장하고 있다. 여기서 말하는 '합리적인 농업'이란 소농들이 함께하는 협동과 연대의 농업 방식일 것이다.

농업은 국가가 책임지는 게 가장 합리적이다. '국가경제의 사활, 국민의 생존권 보호에 치명적인 영향을 끼치는 산업'인 국가의 기간산업 대접을 받는 게 이치와 상식에 맞다. 그러자면 법과 제도 몇 개 개선한다고 해결될 문제가 아니다. 근본적으로 농정의 철학과 패러다임부터 갈아엎어야 한다. 농가소득 증대가 아닌 지속가능한 농업·농촌이 농정의 최우선 목표가 되어야 한다. 억대 농부나 돈 버는 농업이 아닌 '사람 사는 농촌'이 농정의 구호가 되어야 한다. 그래서 농민기본소득이 필요하다.

농민에게 월급을 주는 방법

아무래도 새로운 제도를 도입할 때는 시범적으로 단계별로 시행하면서 전체적인 일정과 강도를 조율할 필요가 있다. 가령 단기적으로는 18~50세의 청장년 10만 명에게 5년 이상 150만 원씩 월급을 지급하는 '청년 공익영농요원제'를 생각할 수 있다. 이때 광역 또는 기초지자체 차원에서 지역농업 단위로 범위를 한정해 시도해볼 수도 있을 것이다. 다음 단계에서는 '영세농 기초생활연금제', '고령농 기초생활연금제'를 고려해볼 수 있다. 영세농 기초생활연금제는 소득인정액 하위 30%의 영세농에게, 고령농 기초생활연금제는 65세 이상 고령농에게 지급하는 방식이다. 각각 90만 명에게 월 50만 원씩 지급한다면 연간 예산은 각각 5조4천억 원이 소요된다. 현행 기초연금제도가 일종의 노인연금제라면, 영세농 또는 고령농 기초생활연금제란 일종의 농민연금제라 부를 수 있을 것이다.

2014년 말 기준 약 275만 명의 모든 농민(농가인구)에게 월 50만 원씩 무조건, 무기한 지급한다면 연간 예산은 16조5천억 원 정도가 소요된다. 2016년 농림부 예산은 14조3681억 원이다. 과연 그 돈이 우리 농민들이 원하는 대로 제대로 사용되고 있는가? 차라리 기본소득 같은 직접지불방식으로 전환하는 게 더 합리적이고 효과적이지 않겠는가. 구체적인 연구와 실증적인 평가가 필요한 시점이다.

농민은 국민의 생명을, 국민은 농민의 생활을

우리 농민은 농업의 생태적이고 공동체적인 다원적 가치를 지키는 사회공익 행위자로서, 얼마든지 존중되고 대접을 받아야 한다. 농민에게 기본소득을 주면 단지 농가의 소득안정에 그치지 않는다. 농업과 농민의 사회적 지위도 덩달아 향상된다. 또한 귀농인 등 신규 농업인력도 자연스레 유입된다. 지역공동체의 삶의 질도 높아진다. 농촌과 지역이 살아나면 도시와 국가도 살아난다. 무엇보다 "국가와 정부가 나를 보살펴주고 있다"는 기분은 모든 국민들을 행복하게, 춤추게 만들 것이다.

'게으른 베짱이'마저 당당한 국민으로서 기본소득을 받을 권리가 있다. 기본소득의 기본정신이다. 베짱이조차 기본소득을 받으면 능동성과 이타성이 늘어나 부지런하고 창의적인 개미가 될 수 있다는 논리다. 하물며 개미 중의 개미 '농민'에게 먼저 기본소득을 주자는 이유를 더 설명해야 하나. 우리 국민들은 오직 이 말만 이해하고 공감하면 되지 싶다.

"농민은 국민의 생명을 지키고, 국민은 농민의 생활을 지킨다."

농부의 나라로 이끄는 농민당

모두가 조금씩 농부인 농부의 나라를

최근 귀농 십수 년 만에 처음 지역의 농민회에 가입했다. 비록 법적으로 농민(농업인)의 조건과 신분은 아니지만, 농민이 아니라도 농민회에 가입할 수 있다는 정보를 얻자마자 지역의 농민회에 가입할 수 있는지부터 타진했다. 그런데 농민이 아닌 경우 농민회에 가입하셨냐는 선례가 거의 없기도 하려니와, 그 지역은 일정 지역에만 농민회원들이 몰려 있어 타 지역에 사는 이방인의 문의에 다소 당황하는 눈치였다. 가입 의사를 표명한 지 수개월이 지나 신청 사실조차 잊어버릴 무렵 농민회 사무국장에게 전화가 왔다. "단합대회에 참석하라"고.

그 지역의 농민회 회원은 수십 명 수준에 지나지 않는다. 그것도 나름대로 규모 있는 농사를 짓는 농업인 후계자들이 많아 다른 농민단체 회원을 겸하는 경우가 적지 않다. 아마도 다른 지역의 사정도 크게 다르지 않을 듯하다. 그만큼 농민회의 존재감은 농업과 농촌의 현주소만큼이나 위축되어 있는 상태다. 상대해야 할 농정당국이 과연 농민회의 영향력을 의식할지 염려될 정도다. 그래서 그런지 전국의 농민들이 들고 일어나 서울시청 앞 광장과 여의도 국회의사당 앞 아스팔트를 논밭 삼아 아무리 아스팔트 농사를 열심히 지어도 별 소용이 없다. FTA는 속절없이 정부의 원안대로 타결되고 쌀값은 계속 떨어진다.

이제 고전적인 아스팔트 농사 말고 현대적인 다른 전략과 작전이 필요하다. 농정당국의 허구적이고 기만적인 살농정책에 대해 '농민의 손으로 만든 농업과 농촌을 살리는 정책'으로 정면승부를 걸어야 한다. 물론 국회의 상임위도 있고, 각 정당의 정책연구원도 있고, 정부 산하의 농정연구원도 있다. 하지만 그곳에서 생산하는 관제 정책은 영혼과 진실이 없다. 그런데 민간과 농민 진영의 연구개발 성과는 진정성은 있으되 실효성과 실천력을 갖추지 못하고 있다.

농민과 노동자가 먼저, 함께

오늘날 농민은 200여만 명으로 추정된다. 농가인구는 250여만 명 수준이다. 국민의 5%도 채 되지 않는다. 개중 전농(전국농민회총연맹)이나 전여농(전국여성농민회총연합)에 가입한 농민은 얼마나 될까? 실제적인 조직률을 파악하는 건 사실상 불가능하고 무의미하다. 아마도 1%도 채 안 되는 건 아닐까? 1~2만여 명도 안 되는 게 아닐까?

2014년 말 기준으로 우리나라 전체 노동조합원수는 190만5천 명으로 조직률은 10.3%에 이른다. 한국노총과 민주노총에 가입한 노동자도 약 150만 명이나 된다. 농민회와는 비교할 수도 없는 조직력이다. 그런데 불과 몇

만 명도 되지 않는 농민회원들이 생산하는 농산물을 그 수십 배에 달하는 150만 명이 넘는 노동조합원들이 왜 조직적으로 구매하지 않는 걸까? 농민과 노동자가 그렇게 연대하고 상생하면 도시와 농촌의 양극화, 국토의 불균형 등의 사회문제는 쉽게 해결될 것 아닌가.

오늘날 불특정 다수의 도시민을 대상으로 하는 도농교류 캠페인이니 1사1촌 자매결연은 그 성과가 막연하고 불확실하다. 가령 농촌의 1개 농민회와 도시의 1개 이상 노동조합이 상호호혜적인 결연 협약을 맺고 상시적인 직거래의 물꼬를 트도록 하자. 농·노 직거래 급식 및 꾸러미 사업단도 조직하고 가동하도록 하자. 노동부와 농식품부 등 중앙정부는 농민과 노동자가 서로 상생할 수 있도록 관련 예산 등을 적극 지원하도록 하자. 동지적인 노동조합조차 농민회의 농산물을 기꺼이 사 먹지 않는데, 일반 도시민과 국민에게 "농민의 농산물을 좀 사달라"고 당부할 수는 없다.

농민의 문제는 농민만의 문제가 아니다. 노동자의 문제, 도시민의 문제, 국민의 문제다. 더욱이 고작 5% 정도의 존재만 겨우 잔존한 우리 농촌의, 농민에 의한, 농업을 위한 한계농정과 고립농정으로는 농정의 문제를 해결할 수 없다. 노농자를 비롯한 나머지 95%의 도시민과 국민이 함께 협동하고 서로 연대해야 한다. 그래야 생산자로서 농민은 소비자인 노동자(도시민)의 생명을 책임지고 지킬 수 있다. 소비자로서 노동자(도시민)는 생산자 농민의 생활을 든든하게 지키게 된다. 농민과 노동자가 연대할 때, 국민 모두가 식량주권과 국가주권을 함께 온전히 지켜낼 수 있다.

노동자, 협동조합으로 귀농하자

혼자 단독으로 귀농하는 것보다 함께 공동으로 귀농하는 게 덜 불안한다. 베이비부머 등 직장에서 은퇴하고 귀향하거나 귀농해서 농사를 짓다 실패하는 소식이 속속 들려오고 있다. 심지어 무작정 귀농하거나 배우자가 반대하는 귀농은 가정불화로 이어지고, 생계비 증가로 가계 재정이 악화되거나 파산으로 이어질 위험도 염려된다. 그래서 최근 노동조합 조합원들이 협동조합을 세워 공동으로 귀농하는 사례가 속속 출현하고 있다. 2013년, 현대자동차 노동자들은 국내 최초의 대기업 은퇴노동자들의 협동조합인 '현대차 은퇴자협동조합'을 결성했다. 은퇴 이후를 대비하려는 것이다. 대기업 노동자들이라 하더라도 은퇴 이후의 삶은 막막하다는 현실 인식과 위기의식에서 비롯되었다. 기아자동차 광주공장 노조도 은퇴조합원을 위해 지난 2012년부터 전남 담양군에 500여 가구의 전원주택을 조성하고 있다. 단일단지로는 국내 최대 규모라고 한다. 역시 노조가 '10년 후 노조원의 희망'을 조사한 결과 전원주택 생활이라는 응답이 많아 선거공약으로 추진된 것이다.

진안군은 '집단귀농 협동조합'을 추진하고 있다. 국내 유일, 최초의 '대규모 집단귀농 협동조합' 모델이다. 한마디로 "귀농인들에게 적절한 소득을 보장해줄 수 있을 정도로 적정하고 안정된 '일터'는 규모의 경제를 전제로 한다"는 경제논리에서 출발한다. 구체적으로, 지자체의 지원으로 농업 융복합사업(6차산업), 귀농어·귀촌 지원사업 등 농림부의 정책사업을 집단귀농 협동조합에 결합하여 추진하는 사업 방식이다. 2015년에 '협동조합 설립 및 운영과 집단귀농귀촌을 통한 진안군내 6차산업단지 조성사업'에 관한 MOU를 재단법인 전북 테크노파크 등과 체결한 바 있다.

결국, 농민당을 만들어야 하나

그런데 노동자와 농민의 연대, 노동자와 농민의 상생 협동조합으로 농정의 해묵은 숙제가 시원하게 풀릴 수 있을까? 결국 해법은 정치력에 있는 게 아닐까 한다. 스웨덴 쇠데르턴 대학의 최연혁 교수는 "50년에 걸쳐 이뤄진 스웨덴 복지는 표심을 잡기 위한 선심성 공약이 아니라 정치적 상생에서 시작됐다"고 설명한다. 즉, "경제성장과 분배의 정의를 동시에 일궈내기 위해 1938년 좌우연정, 노사합의라는 대타협을 이루었다"는 것이다. 그 두 주역인 좌파 사민당과 우파 농민당의 살트셰바덴 협약은 스웨덴 역사의 물꼬를 바꾸었다는 평가까지 받고 있다. 결국 복지국가 스웨덴을 일군 사민당의 장기 집권은 사민당이나 노동자들의 독단적인 힘이 아니라 농민과 연대한 이른바 노·농동맹이 있었기에 가능했다는 것이다. 그렇다고 스웨덴의 농민당이 진보적이거나 혁신적이지는 않다. 전형적인 우파로서 농민의 이익단체일 뿐이다. 하지만 좌파인 사민당은 사회복지라는 대의를 위해 우파인 농민당과 힘을 합친 것이다.

타이완(중화민국)에도 농민당이 있다. 1989년 창당하여 당원 수는 약 6천 명의 군소 정당이다. 타이완의 독립운동과 토지균분론을 주장하는 중도좌파적인 정치적 스펙트럼을 가진다. 역시 정치이념보다는 농민의 이익을 대변하는 게 존립목적이다. 타이완의 민주진보당 집권기에 실행된 신자유주의 정책으로 농민들의 생계가 위협을 받으면서 반-국민당, 반-민주진보당 행보를 이어가고 있다. 중도파인 민주진보당에 비해 다소 진보적인 점 말고는 크게 차별화되지 않는다.

한국의 농민당은 누가, 언제, 어떻게

한국에는 농민당이 없다. 농민의 목소리를 대변할 독자 정당이 없는 것이다. 다만 농민당이라는 별명으로 불리는 '국회 농림축산식품해양수산위원회'에 전적으로 의존하고 있다. "농해수위 소속 의원들은 여야를 가리지 않고 하나가 돼 농민들의 이해를 대변한다"고 붙인 별명이라고 한다.

하지만 농민들은 그 의견에 선뜻 동의하기 어렵다. 농해수위를 농민당 대신으로 생각할 수 없다. 과연 농해수위 의원들이 농민들의 이해를 진정으로, 제대로 대변해왔는지 믿음을 줄 수 없다. 차라리 농해수위 소속 의원들은 크게 세 부류로 나뉜다는 주장이 더 설득력 있게 들린다. "지역구가 농어촌이고 유권자가 농어민이라 선택의 여지 없이 농해수위를 선택한 의원, 자기 당내에서 힘이 없어 비인기 상임위인 농해수위로 밀려난 의원, 그리고 그 두 가지 조건을 다 갖춘 의원"이 그것이다.

농민들은 2014년, 농민단체 연대기구인 '국민과 함께하는 농민의 길'을 출범시켰다. 가톨릭농민회, 전국여성농민회총연합, 전국친환경농업인연합회, 전국농민회총연맹이 연대해 대정부 투쟁을 결의했다. 2016년에는 스스로 농민당을 표방하는 진보정당도 출현했다. 이제 정부도, 정당도 믿을 수 없다면 방법은 한 가지밖에 없다. 농민들 스스로를 믿는 방법이다. 농민들이 정당의 주인이 되는 길이다. 농민들 스스로 농민당을 만들어 '농민의, 농민에 의한, 농민을 위한 정치'를 하는 길 외에 다른 방법이 없다.

나가는 글

귀농, 운동에서 생활로

지역으로 하방하는 귀농인구가 급증, 폭증하고 있다. 사회가 몰락하고 공동체가 해체되면서 개인이 자꾸 파편화, 노예화되는 현대 자본주의 국가의 말기적 엑소더스의 전조로 여겨진다. 무엇보다 현대 신자유주의적 자본주의의 온갖 적폐와 구조악이 농축된 도시에서는 인간의 존엄과 자존감을 지키며 먹고사는 일이 힘겨운 고행이나 고역에 가깝다.

그래서 도시민들은 여생만큼은 다른 인생, 행복한 인생, 주체적인 제2의 삶을 '사람 사는 세상'에서 살고 싶어 한다. 가진 자, 힘센 자, 잘난 자 등 일부 소수 특권층은 제외하고 말이다. 하지만 귀농은 누구나 선택할 수 있으되, 아무한테나 활로나 대안이 될 수는 없다. 국가와 도시의 구조악을 충분히 대체할 만한 무오류의 절대선도 아니다. 선택의 옳고 그름, 결과의 성패가 여전히 불확실하다.

농부로서의 생업도, 마을시민의 생활도 도시민의 그것과 크게 다를 게 없다. 원인이나 현상만 다를 뿐, 어렵고 고단한 본질과 속성은 마찬가지이기 때문이다. 무엇보다 우리는 지난 20년 넘게 생태적 농부나 자립적 '마을시민(Commune Citizen)'을 소망하는 다소 낭만적이고 낙관적인 귀농운동의 가치관과 방법론을 믿고 다져왔다. 하지만 이제 그것만으로 마을에서 잘 생활하기에 충분치 않다는 불안감과 위기의식의 사례가 귀농 현장의 도처에서 돌출하고 있다.

그렇다면 이제 귀농의 가치관과 방법론을 보다 합리적이고 실질적으로 전환해야 할 적기가 도래했다는 신호가 아닌가. 여기서 '운동에서 생활'로, 또는 '운동에서 사업'으로 귀농의 패러다임을 전환해야 하는 적기는 아닌가. 최근 개인적으로, 그리고 귀농운동본부에 모여 집중적으로 고민하고 연구한 '8대 의제와 실천방법론'을 공론화와 현장 실천의 출발지점으로 제안한다.

농민생활, 농업경제, 농촌사회의 귀농패러다임으로 전환해야

하나, 생태귀농에서 '생활귀농'으로 전환해야 한다. 귀농인은 흔히 순정한 유기농 농부로서 생태적 생업과 최소한의 인간적 기초생활을 꿈꾼다. 그런데 우리 농가의 연간 평균 농업소득은 1천만 원에 불과하다. 자기의 노동력과 인건비는 빼지도 않은 수치다. 영세한 귀농인들의 초기 농사는 그 수준도 안 될 것이다. 기초생활 보장은커녕 농사를 지을수록 빚만 쌓이는 구조다. 먹고살 수 있는 기본소득이 보장되는 생활귀농이라야 지속가능한 생태귀농도 가능하다. 그러자면 '마을과 지역사회에서 능히 먹고사는 생활기술'로 단련하고 체화시키는 지역사회 생활기술 직업전문학교, 귀농인과 원주민이 공유·협업하는 지역공유 유휴시설 사회적(경제) 자산은행 등의 실용적인 기초·기본생활 지원정책이 선행되어야 한다.

둘, 농업귀농에서 '농촌귀농'으로 발전해야 한다. 농촌에는 농부(Farmer) 외에 다양한 일터와 일자리에 종사하고 복무하는 농사짓지 않는 이른바 마을시민(Commune Citizen)들이 필요하다. 농부들만 모여 농사일에 매달려 사는 곳은 자칫 농장이나 공장으로 오인될 우려가 크다. 농부들과 함께 다채로운 마을시민들이 한데 어울려 삶과 일이 하나로 어우러져야 비로소 '농촌마을'이라 부를 수 있다. 그러자면 귀농형 일자리 구인·구직지원센터, 귀농형 마을기업 창업지원센터, 귀농인·농민 공동생산기반시설, 귀농인·농민 공동경영 마을기업 등을 지역 곳곳에 세워야 한다.

셋, 생계귀농에서 '복지귀농'으로 심화되어야 한다. 귀농인의 기초생활·생계는 개인의 능력이나 노력만으로 보장되지 않는다. 무엇보다 1%를 위한 돈 버는 농업이라는 농업경제학 일방의 관점에서 어서 벗어나야 한다. 대신 99%를 위한 '사람 사는 농촌'이라는 농촌사회학, 사회복지학으로 농정의 근본기조부터 바꾸어야 한다. 농민 또는 농촌주민 기본소득제, 유럽식 농가소득보전 식불제, 마을공유농지·마을양로원·마을공동식당·마을공공임대주택·마을에너지발전소 등 마을단위의 사회안전망과 마을의 농지 공유화를 위한 농지신탁제, 마을공유지 등이 실현되어야 한다.

넷, 마을귀농에서 '지역귀농'으로 확장되어야 한다. 귀농인이 작은 마을 안에만 갇혀서는 적정한 규모의 경제사업도, 유기적인 지역사회 활동도 영위할 수 없다. 자칫 지역공동체에서 고립되거나 소외되거나 표류하거나 낙오할 위험이 있다. 마을 안에서 마을 밖의 지역으로 경제사업 규모와 사회활동 범위를 확대·확장해야 한다. 지역단위 공동체사업 협동경영체, 유기농 로컬푸드 지역농민시장, 지역화폐 발행 지역농민은행 등을 조직하는 데 도시의 경험과 역량을 보유한 귀농인이 앞장을 서야 한다.

다섯, 경제귀농에서 '문화귀농'으로 승화되어야 한다. 진정한 귀농인이라면, 정상적인 귀농인이라면 돈을 벌기 위해, 출세하기 위해 귀농하는 건 아닐 것이다. 억대 농부가 되려는 경제적, 세속적 욕심이 아니라 상실했던 '사람 사는 삶'의 문화적 그리움이 핵심 동인일 것이다. 그러자면 농촌을 상업적 관광지나 놀이터처럼 훼손하는 농촌관광사업부터 재고, 경계해야 한다. 관광농업이 아닌, 휴양과 치유를 목적으로 하는 문화농업으로 정상화되어야 한다. 독일에서는 상업적인 농촌관광이라는 개념 자체가 없다. 독일 농부는 국민의 별장지기, 국토의 정원사로 불린다. 지역의 역사·문화·경관을 보전하고 전통적인 생활문화예술의 공동체 문화를 계승하는 걸 농부의 본업이자 사회적 책무로 여긴다.

여섯, 단독귀농에서 '공동귀농'으로 협동해야 한다. 개별적 귀농보다는 뜻과 목적을 공감·공유하는 공동·집단귀농이 합리적이고 효과적이다. 마을공동체 사업, 지역공동체 활동을 벌일 때 서로 협동해서 체계적인 사업조직을 꾸릴 수 있기 때문이다. 은퇴노동자 공동귀농 협동조합, 귀농인·소농 중심 6차농업 생산자협동조합(Gemeinschaft), 에너지자립 생태·생활공동체 마을 등이 실천모델로 유망하다.

일곱, 독립귀농에서 '연대귀농'으로 진보해야 한다. 귀농인이 혼자 '좋은 농사'를 짓기는 어렵다. 자연인처럼 내 멋대로 살면 자유로울 것이나 자칫 지역사회에서 아웃사이더로 잊히거나 유령처럼 사라질 위험이 있다. 사회적 인간이려면 마을주민, 지역사회는 물론, 도시민, 소비자들과 지속적·유기적으로 교류하고 거래해야 한다. 농업회의소 중심 자생적 지역학습조직, 농민·노동자 또는 농민·도시민 상생기금, 도시민(도시농업인) 직거래 네트워크 등을 이웃과 더불어 공조, 협업할 수 있다.

여덟, 개인귀농에서 '사회귀농'으로 진화해야 한다. 농촌에서도 개인주의자나 이기주의자는 불편한 존재로 환영받지 못한다. 공동체의 갈등과 분쟁을 일으키는 원인으로 낙인이 찍힌다. 마을공동체의 이웃, 지역사회의 타인을 이타적으로 배려하는 공익적·공공적 시민의식과 선도적 실천역량부터 갖추어야 한다. 마을교육공동체, 사회적협동조합 등의 지역공동체 운동, 로컬푸드 유통, 토종종자 보전 등 풀뿌리 순환자치경제네트워크 구축, 평화통일농업, 생태농부학교 등 우주적 각성과 수행운동 등에 동참해야 한다.

여기서 두 가지를 덧붙이면 귀농 패러다임의 전환을 위한 10대 의제와 실천방법론을 완성할 수 있다.

아홉, 관치귀농에서 '자치귀농'으로 자립할 수 있어야 한다. 오늘날 정부의 귀농지원정책은 진정성이나 실효성이 기대와 필요에 미치지 못한다. '관'의 입장에서는 농정예산의 한계를 변명할 것이나, 근본적으로는 농정철학의 부재, 농정 정상화의 의지 결여가 고질적 원인이라는 판단이다. 결국 귀농인끼리 자조와 자립을 통한 자치와 자생이 최선의 자구책일 수 있다. 귀농인 생활자치 생태공동체마을 모델, 귀농형 마을기업(사회적경제) 모델, 그리고 귀농농가 적정 가세경영 모델을 스스로, 함께 개발해 공유하고 선파해야 한다.

그리고 마지막 열 번째로, 마침내 운동귀농에서 '사업귀농'으로 전향해야 한다. 기존의 민간 귀농운동 지원조직은 농업, 마을공동체, 사회적경제 등 귀농사업과 농가경영, 교육·문화, 생활복지 등 귀농생활을 지원하는 전문조직 수준의 위상과 기능으로 거듭나야 한다. 귀농운동본부의 자생·자립 사업구조 구축, 농업·농촌형 사회적경제 등 귀농사업 지원센터의 운영, 가계경영과 자녀교육 등 귀농생활 지원센터의 운영 등을 통해 귀농운동에서 '귀농생활'로 귀농의 가치관과 방법론을 대전환하는 공공의 역할, 사회적 책무를 떠맡아야 한다.

운동과 사업주체의 귀농패러다임도 전환해야

이병철 전 전국귀농운동본부의 대표는 『나는 늙은 농부에 미치지 못하네』에서 이렇게 귀농의 의미를 풀이했다. "귀농이란 단순한 직업의 전환이 아니라 삶의 전환이라는 것이지요. 뿌리 뽑힌 삶에서 뿌리 내리는 삶으로, 자연을 거스르는 삶에서 자연과 조화로운 상생 순환의 삶으로, 소모적이고 파괴적인 삶에서 생산적이고 살리는 삶으로, 의존적인 삶에서 자립적인 삶으로 돌아가자는 것입니다. 그런 점에서 귀농은 귀본(歸本)이요, 귀일(歸一)입니다. 농촌, 땅, 자연 그것은 생명붙이들이 마땅히 머물러야 할 근본자리, 곧 생명의 자리이기 때문이지요."

이제 귀농운동은 단순히 농촌으로 내려가는 것만을 뜻하지 않는다. 그저 농사를 짓는 좁은 의미로 풀이하는 것도 부적절하다. 정직한 농(農)적 문화에 기반을 두는 자연친화적이고 생태적인 삶, 근본으로 귀의하는 것을 의미하고 실천하는 행위라야 한다. 새로운 귀농운동과 정책이 필요한 이유다.

그동안 귀농은 자연친화적인 농업을 중심으로 자립적인 삶을 살면서 튼튼하게 뿌리를 내리는 개인적인 삶의 결단과 의지가 강조된 게 사실이다. 그러나 그것만으로는 조금 모자라다. '개인적 단독귀농에서 마을귀농, 지역귀농으로' 더 나아갈 필요가 있다. 개인적인 귀농이 그저 농사짓는 일에 국한된다면 마을귀농, 지역귀농은 '농촌에서 사는 것'을 의미한다. 순정한 농부로 생태적인 농사를 짓는 일은 물론, 지역의 사람들과 어우러지며 마을살이, 지역살이를 하는 모든 행위와 활동이 포함된다.

이렇게 귀농인들이 마을귀농, 지역귀농을 결행하려면 '농촌에서 먹고 사는 문제'가 해결되어야 한다. 농촌에서 먹고살려면 농민의 기본소득이 보장되어야 한다. 이른바 '농민기본소득제'가 시행되어야 한다. 이는 국민의 생명을 지키고 농업의 공익적 가치를 수호하며, 농민이 농촌을 떠나지 않고 생활할 수 있도록 국가에서 소득을 보전해주는 제도를 말한다. 소농, 영세농이 아무리 농사를 열심히 지어도 농업소득만으로 먹고살기 어렵기 때문이다.

기본소득제 못지않게 '먹고사는 생활기술'도 절실하다. 단기적으로는 물고기 배급도 절박하지만, 중장기적으로 농촌에서 먹고사는 문제를 근본적으로 해결하도록 물고기를 잡는 방법도 가르쳐야 한다. 그런데 대다수 귀농인들은 살면서 지역에서 먹고사는 생활기술을 배운 적이 없다. 그동안 각급 학교나 학원에서는 시험을 잘 보는 기술과 친구를 이기고 나만 살아남는 기술만 집중해서 배웠을 뿐이다. 취직을 잘 하는 기술이나 자본의 노예와 부속품으로 가만히 있는 기술만 열심히 익혔을 뿐이다.

귀농을 지원하는 정책과 제도 이전에 사회적자본과 사회안전망이 먼저 구축되어야 한다. 농촌공동체의 복지체계부터 갖추어야 한다. 농업경제학자들의 성책은 1% 대농이나 부농을 위한 정책늘이다. 99%의 소농과 가족농에게는 농촌사회학자와 사회복지학자들에 의해서 생산된 정책이라야 유효할 것이다. 농촌복지는 마을공동체에 뿌리와 기반을 두고 있어야 한다. 가령 영광 여민동락공동체의 귀농인들처럼 농촌의 마을공동체 사업을 통해 일자리와 소득을 늘리는 생산적 농촌복지의 수행주체가 될 수 있다.